そう、北欧は子育て先進国でもあるんだよね
むくっ
フィンランド
子どもの学
世界トップ
なのは有名だ
1位!
Save
「セーブ・ザ・チルドレ
発表の「母親にやさし
ランキング」ナンバー1にも
選ばれた国
妊娠したママに無償で配布されるベビーパッケージ
男性の育児休暇取得率8割なのもスゴイ
街ではベビーカーを押した大人は乗車賃が無料だったり
安全面からですって
ヘルシンキ交通局ののりもの
1車両がキッズルームになっている電車も
FINLAND
今までの旅を思い起こしてもベビーカー用のスロープや交通機関でのベビーカーの置き場所が広く確保されてたり
車イスの人にもやさしいネ
子育て世代にやさしい国なのがヒシヒシ伝わってくるんだよね
思い出したら旅がしたくなってきた

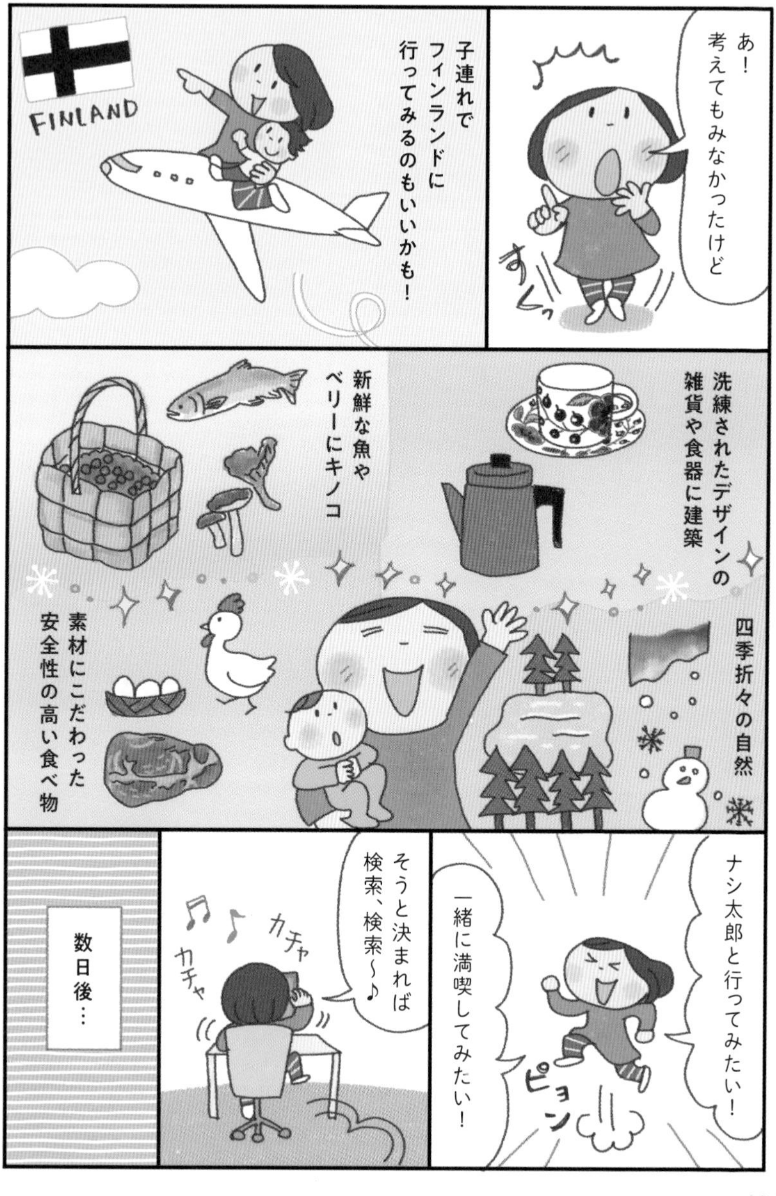
あ！考えてもみなかったけど
すくっ
子連れでフィンランドに行ってみるのもいいかも！
FINLAND
洗練されたデザインの雑貨や食器に建築
新鮮な魚やベリーにキノコ
四季折々の自然
素材にこだわった安全性の高い食べ物
ナシ太郎と行ってみたい！
一緒に満喫してみたい！
ピョン
そうと決まれば検索、検索～♪
カチャ
カチャ
数日後…

じゃ〜ん
フィンランドでやりたいこと
★森でフィンランド流の夏の過ごし方を体験したい
★ショッピング
フィンランドデザインの子ども服を買いたい
蚤の市で子ども用のものをゲットしたい
★フィンランドの公園で遊んでみたい
★旅先で撮ったナシ太郎の写真でフォトブックを作る
PHOTO
★ナシ太郎にトナカイかヘラジカの肉を食べさせたい
ヘラジカ
トナカイ
北欧では「森の王」といわれています
★図書館利用率世界一！ フィンランドの図書館へ行く
BOOK
ということで ナシ太郎と行ってくるね 私はフリーランスだから 日も選ばないし
いつにしよう
ちょ、ちょっと！ 心配だから3人で行こうよ！
じゃ 3人で！
フィンランドで過ごしやすそうな初夏にレッツゴーー！
夫の都合で7月に決定

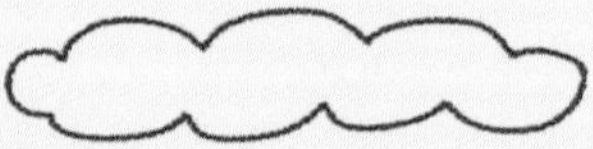

CONTENTS

この本は、2018年7月の渡航時の体験をもとにしたものです。
当時の情報を参考に描いているので、その後変更していることもあります。
渡航前にあらかじめ確認いただけますようお願いいたします。

登場人物の紹介

ナシエ

北欧に魅了され、旅を重ねるイラストレーター。
フィンランドは北欧が好きになったきっかけの国。
今回が初の海外子連れ旅となる

夫

ナシエと同世代で、会社員。
新婚旅行も北欧。
趣味は登山

ナシ太郎

1歳半のやんちゃな男の子。
食べることと、車などの乗り物が大好き。卵アレルギー

Finland

フィンランド基本情報

フィンランドはスウェーデン、ノルウェー、ロシアに隣接した国。首都ヘルシンキのデザイン地区には数多くの博物館や美術館、海上には18世紀の要塞スオメンリンナがあります。大自然広がる北極圏エリアは「ラップランド」と呼ばれ、先住民のサーミ人が住んでいます。冬はウィンターアクティビティが楽しめ、オーロラを見ることができます

通貨：ユーロ（€.EUR） 滞在時1€=131円

言語：フィンランド語、スウェーデン語、
サーミ語。英語はほぼ通じます

時差：7時間

ビザ：180日間で90日以内の
観光は申請なし

首都：ヘルシンキ

気候：夏は白夜の影響でずっと明るく、
冬は逆に日照時間が短く暗くなるのも早い。
夏は涼しく冬は零下に。湿気はほとんどありません

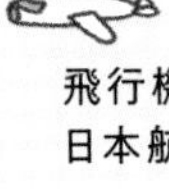

フィンランドまでのアクセス

飛行機でおよそ10時間。ヘルシンキへはフィンエアー、
日本航空の直行便があります

ヨーロッパではいちばん近いんですよ

私たち家族の旅の持ち物

今回の旅は8泊9日、旅程中の1泊旅行も念頭にいろいろなシーンを想定しながら、家族3人分の荷物とベビーカーを自分たちで無理なく運べるように考えました

空港へ行ってきまーす
スーツケース1つか2つか？サイズは？バックパックも使う？などいろいろ悩みました
スーツケース79L
スーツケース93L

- ・スーツケース（79L & 93L）2個　・リュックサック 2個
- ・スーツケースの持ち手に設置できるコンパクトバッグ 1個
- ・ベビーカー 1台 ※ ベビーカーは空港で預け時に透明な袋に入れてもらえました

ポルヴォー、タリンへの1泊旅行のとき

空港⇔自宅移動のとき

①持っていてよかったアイテム

あるといいなと
いうものを集め
ました

大人の分は極力
減らすのが鉄則。
圧縮できるものは
圧縮袋へ

夏でも朝晩は涼しいので羽織ものやウィンドブレーカーを

紫外線が強いのでUV対策を。日焼け止めや帽子、カーディガン、サングラス等

旅行中の洗濯は荷物を減らすことができます。ピンチハンガー、洗濯ロープ等。洗うときの石鹸もお忘れなく

リップクリーム、ハンドクリーム、爪切りは私の北欧旅の必須アイテム

森に行く人は蚊よけ対策を

ごはんをスーパーで買う人は、紙皿、紙コップ、ピクニック容器やフードバサミなどあると便利

子どものもの

食べ物

お湯で戻せる食品、フリーズドライ（ナシ太郎の場合は、粉ミルクが大活躍）、市販のベビーフード、おやつ

健康

ボディクリーム、体温計、冷えピタ、薬（薬は医師や処方箋薬局の薬剤師に頼めば、英文の説明書で出してくれます）ナシ太郎は卵アレルギーのため、医師と相談し、万が一なにかあった時に備えて、英文の紹介状を発行してもらいました

大小幾つかのエコバッグ（チャック付きや防水のものもあると◎）

②機内持ち込みアイテム

耳の気圧対策
ドリンクやラムネ菓子などを。ちょっとした食べ物なら何でも良いですが、個包装で手軽に食べられるものが適しています

おもちゃ
乗り物大好きなのでミニカーは必須。100均でのシールブック、とびらがいっぱいある本など持参しました。ナシ太郎の場合は馴染みのあるものより新しいものの方が時間稼ぎできました。新鮮さと飽きないものがよいです

機内への
アイテムです

ご機嫌で
いられます
ように

タブレットで動画
オフラインでも観られるよう好きな動画をダウンロードしておきました。機内のモニターにもキッズ映画があり分からないなりにも観ていました

子ども服や
おむつの替え
気持ち多めに。寒い時のためにカーディガンなども

薬、乳液など
必要なものは持ち込みましょう

市販のベビーフード
機内では年齢に応じた食事の用意（有料・要予約）がありますが、市販のベビーフードもあると安心。フォークや使い捨てエプロン、ウェットティッシュも準備しました

抱っこ紐
我が家の愛用品、軽量でコンパクト、丸洗いもできる「モンベル」のポケッタブルベビーキャリア。分厚くないので荷物にならず、夏は涼しく助かっています。寝かしつけにも便利

レジャーシート
敷いておくと足元も使えて便利。それ以外にもホテルの床に敷いたりと用途あり

スケジュールの立て方
私の場合
まずは行きたい場所を
ずらっと書き出し
あ！あそこも！
地図上で
それぞれ場所を押さえ
MAPアプリや
本の地図で
近いエリアごとに
まとめていくと
予定が見えてきます
ここぐるっとまわれそう
営業時間や夏季休暇、
国の祭日なども確認！
土曜って普通遅くまで営業するよね!?
Close
ガーン
日本の感覚で訪れると
休みだったということも
国の祭日だけ確認し忘れ
渡航直前に慌てて変更した
という思い出もあります…
この日はメーデー!?
行く予定の博物館休み!?
交通は??
最後に
スケジュール日程を
一覧にしておきます
ホテルや交通手段も
これで人とも
共有できます
行く前や現地の朝に便利
今日の予定は…
今回は子連れ旅
その日の子どもの
体調も見て臨機応変に
今日は？
混む時間帯を避け
雨の場合の
代替先など目星を
つけておくのも◎
晴れならフェリーで動物園
雨なら近くの博物館へ
急なおむつ替えや
プチハプニングが
起こることも考え
時間には余裕を
good!
乗り場は前もって
確認しておくと
間違いがないです

キャッシュレス先進国のフィンランド。私たちはほぼクレジットカードがメインでした。磁気の読み取りができない時もあるので複数持っていくことをおすすめします

お金
カード
現金通貨は
トイレ銭
露天マーケット
コインロッカー
タクシー
(特にエストニア用に)

免税
加盟店か確認して
タックスフリープリーズ
¥
パスポートも

多くのブランドは、タックスフリー加盟店。買い物の際は40€以上買うと免税対象になるのでレジで申告を。免税手続きは帰りの空港で。スーツケースを預ける前後どちらでも手続きできますが、未開封のまま商品を持参してくださいね。カウンターが混んでいることもあるので、飛行機に乗り遅れないよう早めに手続きを済ませましょう

レストランやカフェ、博物館など有料の施設では無料です。(一部の無料施設で、無料で使用できることも)トイレは計画的に済ませておけるとよいですが、子連れ旅には予期せぬハプニングが付き物。有料の場合に備えて小銭を用意しておきましょう。今回の旅では、どこでもユニバーサルトイレがあり、オムツ替えに困りませんでした

トイレ
公共のトイレは基本有料
50セント～1€です

安全情報

旅先の安全情報も気になるところ。旅行前には外務省の海外安全ホームページで確認。私は外務省の安全配信サービス「たびレジ」に登録しておきました

1章

FINLAND HELSINKI

フィンランド・ヘルシンキ

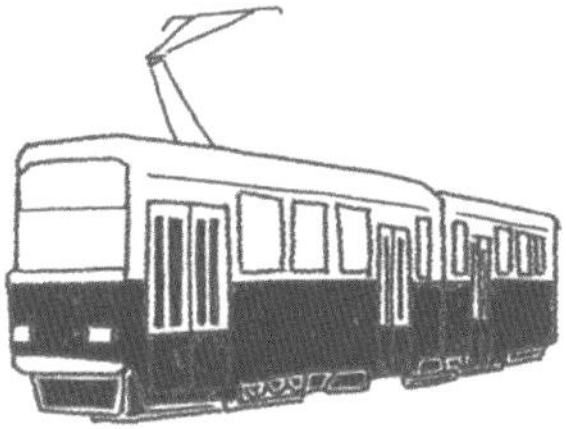

チェックインカウンターで荷物も預けたしあとは飛行機に乗るだけね
あ!
空港のベビーカー
もらったフィンエアーの搭乗券がステキ!
トナカイやブルーベリーが!
BOARDING PASS
GROUP 09:30
全員違うデザインでした
わ〜テンション上がってきた!
もうすぐフィンランドなのねー
いよいよ飛行機に
ドキドキ
フィンエアーのキャビンアテンダントさんだ!
日本人の方
制服は濃紺と白でフィンランドの国旗カラー
シンプルですっきり凛としていてカッコイイ
そして、機体が新しくてきれい!座り心地が良さそう
最新設備?!
私たちが今回利用した席は…
時期によって価格は変更
エコノミー料金+70€
エコノミーコンフォート
エコノミー席より足元まわりが10センチほど広くアメニティキット付きで1時間無料でインターネットの利用ができるんです
レジャーシートを敷いて立てるように

ちなみにどこの席でも
1歳まで、膝の上に座っていれば
運賃は大人料金の1割です
赤ちゃん連れの方はバシネットを
エコノミーコンフォートにした理由は足元のゆとり以外にもあるんです
なんとアメニティキットがマリメッコポーチなんです
ハブラシやくつしたが入ってます
惜しまれつつ現在終了
フィンエアーは人気のライフスタイルブランドマリメッコとコラボレーションしていて
アメニティのほかブランケットにテーブルウェアなどどのクラスでもマリメッコデザインを感じることができるんです
マリメッコ好きにはたまりません〜
FINNAIR
こんにちは
こちら2歳以下のお子さまにお配りしておりますムーミンのタオルでございます
ナシ太郎にも!?
何か困ったことがあればお申し付けくださいね
ほどなくして機内食がスタート
チキン
サラダ
チョコケーキ（おいしい!）
チーズ
パン
日本人には馴染みのある照り焼き味で美味しく完食

夫はビーフを
FRESH CHOCS
ビーフの煮込み
ソースをパンにつけて美味しく食べました
私と主人の機内食を交互に持って来てもらうなどキャビンアテンダントさんにリクエストしておきました
Request
ナシ太郎の分は持ち込みしましたが事前に予約すれば有料のベビー、キッズミールが頼めます
プリン
グミ
キッズミールカレー
ビールやワイン、おつまみもいただけますよ
フィンランドのビールカルフ
KARHU
フィンランドの老舗ファッツェルのチョコ
PRETZELS
スナックも
食事後はいつも眠たくなるのに全然寝そうにないね
むしろ興奮気味?!
バシバシ
何だかイライラしてきてる
バンバン
きゃ！投げるのやめて！
ポイッ
ハタ
ハタ
わわわ！じっとして〜!!
これ良かったら…
すっ

サービス内容は変更になる場合があります。フィンエアーの最新情報はWEBサイトをご確認ください。

 http://www.finnair.co.jp/

K-Citymarket Ruoholahti ▶ https://www.k-ruoka.fi/kauppa/k-citymarket-helsinki-ruoholahti

意外にすぐ着いたね
↑…先が見えない
って広い…!!
これ全部チーズだよね…
サラダバーの品数がこんなに多いなんて
はじめて見た
じっくり見たい～全然時間が足りないよ
少し寄って帰るつもりだった
あっという間に時間が経ちそうだね
ショッピングカート
ブーブー
お!
marimekko
-50%
マリメッコ50%オフ?
私がお買い物したときにはレジ清算ごとにスタンプを集めると対象のマリメッコ製品が割引価格で購入できるというキャンペーン中!
K-City market × marimekko
期間限定コラボ企画
柄名はKaivo
枕とシーツ
Nimikko
バスタオル
以前にも、コラボ食器を発売するなどこのスーパー限定の企画があったのでマリメッコ・コーナーに注目してみると楽しい発見があるかも～
食品や生活雑貨など印象に残ったものをこれからご紹介していきますね
パンを入れている→

1パック
5.99€

フィンランドのイチゴは少し不揃いで、日本のものより一回り小さい印象だけれど、甘くて美味しい

イチゴとヘルネは白夜の太陽をたっぷり浴びた夏の風物詩♪

夏になると出まわるヘルネと呼ばれるえんどう豆。さやから取り出し生でいただきます。これが病みつきに!

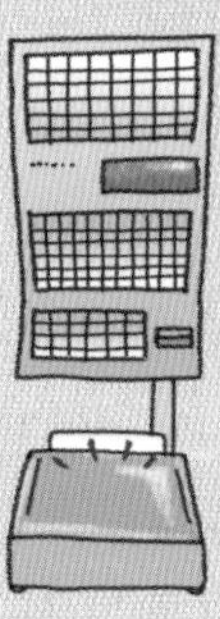

パック売りではないものは量り売り。好きな量を乗せ、アイテムの番号を押すと、自動計算されます

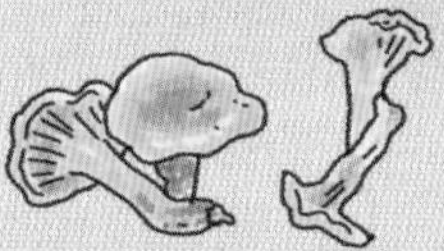

北欧の黄金のきのこ、カンタレリ(杏茸)は、市場でもよく見かけます。秋には森で見つけることも

ブルーベリー
イチゴ
ルバーブ
Luonto

スウェーデンはアーラ社の「Luonto」のジュース。鳥のイラストで、それぞれの味を表現。水彩のような手描き感のあるタッチでかわいい 2.55€

Nalle
Nalle

フィンランドのRaisio社から出ている「Nalle」のパッケージはクマのゆるい表情がたまりません。インスタントのオートミール粥で、左はバニラブルーベリー味。右はハニーアップル味 4.59€

NISSIN
出前一丁
DEMAE RAMEN
キラキラした袋がかっこいい

日本のインスタントラーメン"出前一丁"を発見 0.69€

VAPAA
VAPAA

たまごのパックは再生紙でエコ先進国を感じさせます。カラフルでかわいい。右は 1.99€
左はオーガニックたまご 3.49€

NOKIAN
FOOTWEAR
サイドゴアの長靴

シューズコーナーには、「ノキアン・フットウェア」のレインシューズ。携帯電話メーカー、ノキアから独立した長靴メーカー。厳しい冬の環境もなんのその! グリップ力や防水性も高い 49.95€

VALLILA
marimekko

寝具コーナーには、マリメッコはもちろん、フィンランドのブランド、「フィンレイソン」や「バリラ」のシーツも

生活雑貨コーナーにはフィンランドらしいデザインのオシャレなアイテムがたくさんありました

K-Citymarketの
オリジナルブランド「HEMTEX 24h」
HEMTEX 24h
スーパーによって独自のブランドがあるんです

そしてビックリしたのがベビーの食品コーナーです

驚くほど種類が豊富と
噂には聞いていたけど
この量はケタ違い！
どこまでも続く
赤ちゃん用食品！
ベビー用の
食品棚

外出時は助かりそう

Valio
TUUTI 1

Tuuti
(valio社)
0.57€

液体ミルク

フィンランドでは液体ミルクが主流。粉をお湯で溶かなくても、赤ちゃんにミルクを飲ませることができます。「Ｖａｌｉｏ」はフィンランドの有名な乳製品のメーカーです

Valio
Onni
PUURO

Onni
(valio社)
0.95€

オートミールのお粥

「Ｏｎｎｉ」は幸せという意味。リンゴンベリー味があるのも北欧らしい。他にもブルーベリーやバナナ、10種類ほどありました

いろんな会社がたくさんの種類を出していました

いろいろ試してお気に入りを探せるのでベビーにもやさしい♡

若い女性にも人気

PILTTI
Päärynäinen
4

PILTTI
(Suomen Nestlé社)
0.89€

フルーツピューレ

砂糖を加えていない１００％天然の果物を使用。直接飲んでもよいし、ヨーグルトにかけてもＯＫ。こちらは洋梨とリンゴのフルーツブレンド。ナシ太郎もお気に入りでした

フィンランドの食卓でもおなじみの味

PILTTI
Perunamuusia ja lohta
8

PILTTI
(Suomen Nestlé社)
1.05€

ベビーフード

じゃがいもとキノコとサーモンが味わえる一品。天然素材１００％。国が認めるMade in Finlandの鍵マーク付き

このスーパーで私が楽しみにしてたのはテーブルウェアのコーナー
マリメッコをはじめフィンランドブランドの「ナンソー」やムーミンなどの紙ナプキンが壁一面にずらり！
おお〜
お手頃価格でかわいいデザインをお持ち帰り♪
お土産の定番だし買いすぎちゃう
マリメッコをPickup!
PUKETTI
marimekko
花束の意味
marimekko
LOKKI
かもめの意味
ウニッコをアレンジ
marimekko
RUUTU UNIKKO
Ruutuはフィンランド語で正方形やひし形の意味。フィンランド独立100周年記念にデザインされたもの
食器もチェック！スーパーにもブランドものが揃っているんです
フィンランド最大の食器メーカー
iittala
イッタラ
タイカ
ティーマ
私は、波打つデザインと透明感がきれいなアルヴァ・アアルトのボウルを購入しました
スモールボウル 75mm グレー
オーロラみたい…
しかもスーパー価格
ファミリーが集まるスーパーならでは？
ムーミンのものもたくさんありました
ナシ太郎には「ムールラ」というブランドのムーミンホーローマグを
ハミガキの時に
スティンキーの柄
どちらも日本価格の半額で買うことができました

急ぎ足で見てたのにすっかり遅くなっちゃった!
ナシ太郎疲れてない!?
日本時間だともう寝てる頃だよね
めっちゃ元気だ…
ああ〜っ!!
コラー
ひとりでカートを押して走りたい
ホテルで夜ゴハン
空は白夜なので明るい
買ったものを並べていっただきまーす
インスタントカップスープサーモン味
Lämmin Kuppi
全粒粉のパンにはカンタレリのディップとスライスチーズ
エビのサラダ
Geisha
マスタード風味のハム。ハムの端には黒胡椒付き
ファッツェル社のチョコ「ゲイシャ」
フィンランド名物「カレリアパイ」ライ麦生地でミルク粥を包んだもの
イチゴ
お腹いっぱいになったらすぐ寝ちゃった…
すぅ
今日はハードだったからね
おつかれさん
いよいよ明日からヘルシンキをあちこち見てまわれるのね
明日も早いし私たちも寝ましょ〜

朝は早起きして散歩と朝食♪
港の市場へGO

抜けるような青空 すがすがしい空気が 心地いい夏の朝
メインストリートの エスプラナーディ通りを 散歩しながら
朝早くにオープンしている 港のマーケットへ
通り沿いにある 緑あふれる市民の憩いの場 エスプラナーディ公園
日中はベンチや芝生で くつろぐ人たちで溢れているけれど
昼
ひなたぼっこ
朝
ジョギング
鳥の声と静寂に 包まれた朝もステキ
エスプラナーディ通りを港方面に 進むと、ヘルシンキの港を 見守っている
「バルト海の乙女」の愛称を 持つ像の噴水があります
像のマネ
さぁ、港にあるマーケットは もう目の前です
北欧の名物料理から 多国籍料理まで並ぶマーケットでは どんなゴハンが食べられるのかな？

ひとつめは屋内「オールド・マーケット」
港に立つ、レンガ作りのかわいい建物。ヘルシンキ最古の屋内市場。2014年に改装し25店舗が営業
トナカイのパイ
REINDEER PIE 4.30/100g
100% Finland
キッシュみたい
表面はこんがりと焼かれ、トナカイの臭みもなく毎日食べたいくらいすごく美味しかった! 地中海、中東料理屋さん「Stadin Herkut」で購入 7€
サラダをおまけしてくれた!
サーモンのオープンサンド
新鮮なお魚
定番の具材はサーモンフィレですが、細かく切ったサーモンをパプリカやキノコとマリネしているのが珍しくて購入。ライ麦パンの酸味にもマッチ♡お魚屋さん「Marja Nätti」で購入 5€
館内中央にあるノルディックカフェ「ストーリー」の席へ
ZZZ…
STORY
ミシュラン1つ星を獲得したレストランがプロデュース
ガラス越しに入ってくる光がとてもきれい
光に重きをおくフィンランド建築ならでは
心洗われる
トナカイ肉の缶詰やクマ肉のサラミなども売っています
BEAR
お店によって開店時間が違うので閉まっている店舗もあったけれど
オープン直後は閑散としてます
お客さんも少なく自分たちのペースでゆったり市場を満喫できました!

ふたつめは屋外「エテラ港のマーケット広場」
MAUKAS VADELMA 5€
SUOMI METSÄ MUSTIKKA 6€
ブルーベリーやラズベリーもハイシーズン
港沿いの屋外マーケット。夏はオレンジ色のテントがたくさん並び、活気づきます。野菜や果物を扱うフードや屋台にカフェのほか、雑貨なども充実
REINDEER SKINS
トナカイの毛皮を扱うショップは夏でもオープン！
ベリー系中心のジャム屋さん
白樺細工などの手工芸品もありフィンランドらしいものを発見できます
高品質で安心な素材でできた木工のおもちゃ
民芸品のククサ
木工製品もずらりと並びます
Muikut
ここで食べたゴハンはムイック
ワカサギっぽい小魚
じゃがいも
ムイックはフィンランドでよく採れる小魚で、塩味のフライが定番。パクパク食べられるけれど量が多いのでシェアを 10€
ハンドメイドの帽子屋さん
ブーブー！ブーブー！
ん？あの車柄の帽子？

帽子嫌いなナシ太郎が自ら被るなんて奇跡！
日差しが強いから帽子を被せたい！この機会逃せない！
5分後
ポイ
え!!
かぶって！
ちょっと！どういうこと!?
イヤ〜
振りまわされてる…
ガーン
その後も全キョヒ
もうすぐ2歳 気難しい年齢と噂の「魔の2歳児」に突入か
その後、無駄になったと思っていた帽子ですが翌年突然被り始めました
お気に入り
よくわからん
帰り道にはヘルシンキ大聖堂へ
なかは無料で入れます
ヘルシンキに来たら外せないランドマーク。工事に30年費やし、1852年に完成したルーテル派の総本山となる教会
大聖堂をバックに写真が映える〜！
カシャ
家族写真をぜひ〜
MAP
大聖堂はこの道まっすぐ
Unio nin Katu
Febia nin Katu
ストックマン
エスプラナーディ通り（北）
イッタラ
バルト海の乙女の像
エテラ港のマーケット広場
Pohjoisesplanadi
アカデミア書店
エスプラナーディ公園
Market Square
Eteläesplanadi
エスプラナーディ通り（南）
オールド・マーケット
観覧車があります

雨の日の朝食

フィンランドを代表するコーヒーチェーン

ロバーツコーヒー

シナモンロールにカレリアパイも

この日の朝は大雨ホテル近くの「ロバーツコーヒー」で朝食をとりました

コーヒー消費量世界トップを誇るフィンランドで支持されるだけあって、常に焙煎したての最高級のコーヒーを飲むことができます。最近は日本にも上陸♪

アイスコーヒー

おしゃれなボトルに入っていて素敵。香りが良く、程よい味わいでした！

選ぶのに迷う〜!!

チーズのサンドイッチ

華やかな盛り付けに惹かれ購入。2種類のチーズにトマトときゅうりを挟んだ、安定感のある味で美味しくいただきました！

サーモンのサンドイッチ

ライ麦パンにマヨネーズソースをからめたフレークサーモン。中にはスライスしたゆでたまごが！

ベリーのスムージー

人工的な甘さを想像していたのですが、意外にとてもナチュラルな味。フィンランドの自然の恵みをいただいた気持ちになりました

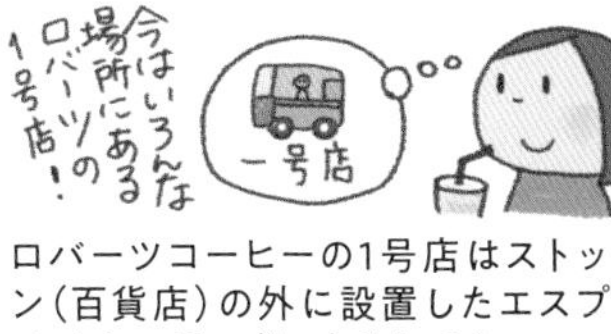

今はいろんな場所にあるロバーツの1号店！

ロバーツコーヒーの1号店はストックマン（百貨店）の外に設置したエスプレッソ・トレーラーだったそうです

これまではドリンクのみで、フードの利用は、これが初めて

想像以上に美味しくて雨が降ってラッキーでした！

本書ですでに何度も出てきているライフスタイルブランド「マリメッコ」
marimekko
1951年にフィンランドで生まれ今や世界に誇る有名ブランドに
日本でも店舗が増え根強い人気を誇っています
創業者はアルミ・ラティアとその夫ヴィリヨ
アルミはフィンランドで最もよく知られた女性起業家です
Viljo
1911-2006
Armi
1912-1979
鮮やかなカラーや大胆なプリント柄が特徴のマリメッコ
代表的なデザインはこのウニッコです
Unikko
ポピーの花がモチーフで1964年にマイヤ・イソラがデザインしました
1927-2001
Maija
フィンランドでは老若男女に愛され婦人服、紳士服、子ども服バッグやインテリア、雑貨など街でもよく見かけます
ホテルやカフェでも見ることができますよ
マリメッコはフィンランド語で「マリちゃんのドレス」という意味
マリです
マリはフィンランド人女性に多い名前でみんなに着てほしいと名付けられそうです

ヘルシンキには
マリメッコショップが
幾つかありますが…
百貨店や
ショッピングセンターにも
郊外にあるマリメッコ本社1階に
お値打ちなアイテムに出会える
アウトレットショップが
あるんです！
50% OFF
掘り出しもの
でも
それだけでは
ないんです
チッ
チッ
アウトレットと
一緒に立ち寄りたいのが
マリメッコ本社の社員食堂
maritori
マリメッコに溢れた
キュートなカフェで
ゴハンが食べられるんです♪
社員じゃなくても利用可能
もう電車に乗る
時間だよ
はっ！
行かなきゃ
アウトレットに行くなら
開店同時すぐに入りたいところ
掘り出し品、特に服は
日本人の好む柄や
サイズは無くなりやすいのです
以前行った経験から
アクセスは「ヘルシンキ
中央駅」から地下鉄に乗り
10分ほどで
「Herttoniemi
（ヘルットニエミ）駅」に
着きます
Rautatientori
Helsingin yliopisto
Hakaniemi
Sörnäinen
Kalasatama
kulosaari
Herttoniemi

1 Rキヨスキ側の出口から出て
2 高速道路の上の橋を渡り直進
3 マクドナルドとガソリンスタンドの看板手前で左折
4 ボルボ前を道なりに右へ
Insinöörinkatu
Puusepäkatu
Kirvesmiehenkatu
Linnanrakentajantie
徒歩10分くらい
着いた！入り口のディスプレイが可愛い～♡
扉を開けるとなかはマリメッコ天国!!
広々とした空間にマリメッコアイテムがぎっしり♪
この光景だけでテンション上がるわ～
ここで遊ばせとくよ
助かります
子ども用おもちゃゾーン
さぁ、マリメッコタイム！洋服から行ってみましょ～
はじめ～！
ピッ
ボーダーがいっぱい！
かわいい
花柄にストライプ！
きゃほー

私が選んだのはこちら
洋服
日本のサイズと少し違うので試着してくださいね
50% OFF
SINI DRESS / POPPARI
アシンメトリーで不揃いな模様が楽しいワンピース。ポップな音楽をイメージしてデザインされたものでした。ジャージ素材で着心地良さそう◎
NELIO SHIRT / PIENI UNIKKO
ひとめぼれした半袖トップス。大胆な柄で、派手さのあるウニッコだけれど、黒色で上品にまとまっています。サイドには少しスリットが
食器コーナーはウニッコ柄やシリーズものがたくさん！
改めてウニッコの良さを感じる
気になってた定番のタンブラー！
6つで50€！まとめ買いしたい
郵送しちゃう？
Sukat Makkaralla
私が選んだのはこちら
食器
20% OFF
RASYMATTO プレート15×12cm
小皿として、またはティータイムにお菓子をのせるのにも活躍してくれそうなサイズ
SIIRTOLAPUUTARHA ボウル250mL
大きなドットがかわいい。スープやサラダを入れるのにちょうどいい深さ
RASYMATTO プレート25cm
フリーハンドで描かれた楕円が細かく並んだ大きなプレート。お料理が映えそう

ポットホルダー
4.5～6.5€
RASYMATTO
このデザインが好きで、食器と同じ柄の色違いをチョイス
PIENI SIIRTOLAPUUTARHA
黒い線で描かれた草花が魅力的
PIENI UNIKKO
定番のウニッコ柄！
市民菜園から着想を得たシリーズ「SIIRTOLAPUUTARHA」と使い込まれたラグをモチーフにした「RASYMATTO」は
どちらもマイヤ・ロウエカリのデザイン
食器といい魅かれるものにマイヤ作品が多い私
ヘルシンキを拠点とするデザイナー
Maija Louekari
財布
コニャックブラウン
今回いちばんの戦利品！60% OFF
長財布　REBEKKA 2
雑多なワゴンから発見！ブランドロゴの型押しと使い勝手よさそうなシンプルなデザイン。前々から気になっていたアイテムだったので即買い
その他選んだのはコチラ
ショップにあるカート

ポーチ
PIENI KUKKARO /
MINI UNIKKO
マリメッコ定番のがま口ポーチはフォルムもかわいい。コインケースなど用途がたくさん
TAIMI / MINI UNIKKO
ウニッコ柄のスクエア型コスメポーチ。見た目よりたくさん入りそう。赤系で統一されている配色がきれい
生地コーナーに行ってみましょう
ひょこ
アウトレット価格になった生地がずらり！
自分でバッグや小物などを作りたいという人にはたまらないスポット
生地で見ると柄の迫力もUP！
裁断の際に出た端切れの販売も！
好きな柄ないかしら
運次第でお気に入りの柄をゲット
生地を眺めているだけでも楽しいし
裁断の様子も見てるだけでワクワクしちゃう
何を作るのかな

ナシ太郎がとある生地に興味深々
ゾ！ゾ！
ゾウ！
デザイン名は「イソ ティーコニ」で大きなタイゴンという意味
タイゴンはトラとライオンの子なので力強そうなネーミング
アイノ・マイヤ・メッツォラのデザイン。私は彼女の描く動物のファンなんです。絵本『かずのえほん』（※）はナシ太郎もお気に入り
よし！私もナシ太郎に何か作るぞ〜！
ということで1.5m購入
1m 15€の生地でした
あぁーーーー!!
ナシ太郎の声！飽きだしてる!!
タイムアップ！お会計に急げ〜
夫よごめんよ〜
次はお楽しみのランチ！社員食堂へ移動します
出遅れた〜
敷地のレイアウトはこんな感じです
おむつ替えの台あります
布地
アウトレットショップ
入口
現行品ショップ
本社ロビー
社員食堂
入口

※「かずのえほん」アイノ・マイヤ・メッツォラ著／パイインターナショナル 2015年発行

maritori
マリメッコの社員食堂
マリトリ（maritori）
12時を過ぎたら すでに人が いっぱいでした
ワイ ワイ
好きな柄を 選んでね
テーブルウェアは もちろん マリメッコ♡
オーガニックな 日替り ランチ ビュッフェ
牛乳と 水
これはライ麦パン ですがいろんな 種類がありました
ローストポテト
ほっくり美味しい。ミートボールの定番の付け合わせ
サラダ
ニンジンにきゅうり、豆、ショートパスタなどが入っていました
MーFUと野菜のソテー
牛乳から作られたお肉の代用品〝MーFU〟が入ったヴェジタリアン料理
更にコーヒーと デザート付き
ベビーチェアも あります
北欧の 名作
我が家も 愛用の ノルウェー ストッケ社 の トリップ トラップ
サツマイモとリンゴのスープ
この組み合わせは人生初かも。甘みが程良く優しいお味でした
ミートボール
フィンランドやスウェーデンではおなじみの料理。日本のミートボールとは違い、サイズは大きめでジューシー
黒板を 見てね
メニュー
クッションも

【オープン時間】月-金｜10:30-15:00　土-日｜休み

ランチは10:30〜14:00まで

【ランチ】13.40€

（サラダ、メイン料理、スープ、パン、デザート、コーヒー/紅茶）

ランチ以外にも「サラダ&スープ」11.40€があります ←ランチからメイン料理がないバージョン

アレルギー表示もされてます 代替品については スタッフに質問OK

maritori ▶ http://www.maritori.com/

ナシ太郎はミートボールにじゃがいもスープを美味しそうに食べていました
モグ モグ
酸味強めのライ麦パンもペロリ ミルクもたくさん飲みました
一気!
あ〜♡満たされた! フィンランドのおいしいゴハンに一期一会の買い物…
マリメッコづくし
ニヤ ニヤ
現地ならではの体験に夢心地♪
おしゃれなディスプレイスポットがたくさんあるのでぜひ写真を撮ってくださいね
本社ロビー階段付近
一瞬でいいからじっとしてて
アウトレットショップの入り口前
写真映えするわ〜
お買い物中のお話ですが
子ども見てあげようか? 2人で買い物してらっしゃい
えっ
身内みたい!
ショッピングだけではなく人の優しさにも触れ ますますフィンランドが好きになりました

ヘルシンキの人たちに愛されている「リンナンマキ遊園地」は1950年開業の歴史ある遊園地です
入場料はなんと無料
小さな子ども向けの乗り物も多くいくつか無料のアトラクションもあるんです
中心地から近くアクセスの良さも魅力！
17分ほど
Linnan mäki
ハカニエミマーケットホール
フィンランディアホール
カイサニエミ公園
中央駅
Rautatieasema
私たちはメインエントランスにいちばん近いトラム3番「Linnanmäki（pohj）」で下車しました
Linnanmäki
1,2分です
公園
水族館
遊園地
こぢんまりとレトロな雰囲気で可愛い
LINNANMÄKI
日本の遊園地とはまた違うね
玄関受付にいるスタッフの方に早速聞いてナシ太郎に合うスポットを教えてもらいました
ん??
イヤな予感
しーん
ちょっとナシ太郎！今から出番ですよ！
すうすう

しょうがない…
いろいろ見てまわろうか
Zzz
Kingi（キンギ）
「Kingi」は王様という意味。2014 年に作られ、フィンランドで最も高いフリーフォールタワー
人の足
おお…
Hurjakuru（フルヤクル）
夏場はスプラッシュ系の乗り物が気持ち良さそう!フィンランドの叙事詩カレワラになぞらえ、進んでいきます
Vuoristorata（ヴオリストラタ）
1951年始動!リンナンマキ最古のコースター。全長960メートルを2分で走行。木製なので、違う意味でもドキドキ…
大人も絶叫しちゃうような本格派のアトラクションがいっぱい！
園内のアトラクションは40以上！
レストランやカフェも充実 グッズもかわいかったです
ロンパース
鍋つかみ
Panoraama（パノラーマ）
53m上までゆっくり旋回しまた降りてくるアトラクション
これ、ヘルシンキの街を展望できそう！
ゆる～く
無料だって乗ってみようか
お～！上がってく
ウィ～ン
ウィ～ン
360度見渡せていいね

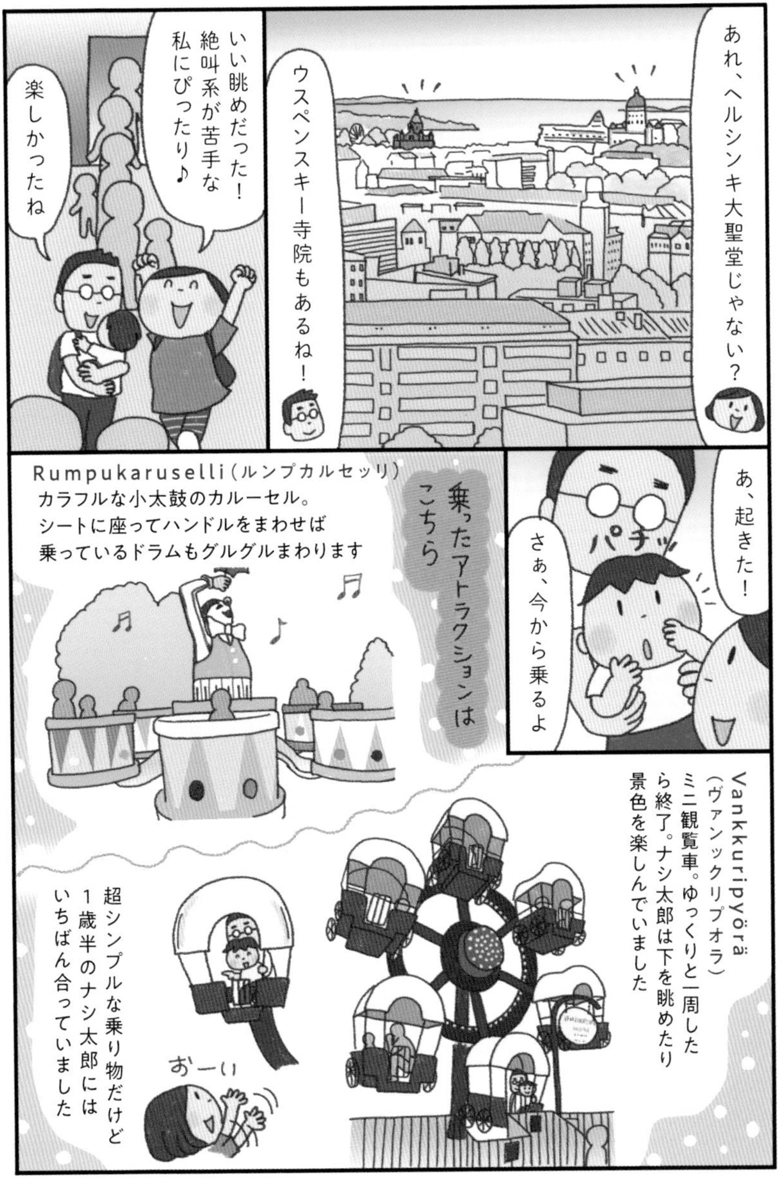

あれ、ヘルシンキ大聖堂じゃない？
ウスペンスキー寺院もあるね！
いい眺めだった！絶叫系が苦手な私にぴったり♪
楽しかったね
あ、起きた！
パチッ
さぁ、今から乗るよ
乗ったアトラクションはこちら
Rumpukaruselli（ルンプカルセッリ）
カラフルな小太鼓のカルーセル。シートに座ってハンドルをまわせば乗っているドラムもグルグルまわります
Vankkuripyörä（ヴァンックリプオラ）
ミニ観覧車。ゆっくりと一周したら終了。ナシ太郎は下を眺めたり景色を楽しんでいました
超シンプルな乗り物だけど1歳半のナシ太郎にはいちばん合っていました
おーい

こちらはゲームコーナー
ハンドルを持ってる
日本にもよくある乗り物。ワンコイン（1€）入れたら、音とともに、1〜2分ガタゴトと揺れます
園内をまわるモノレールも楽しそうでした
こちらは有料
大人同伴でちびっこOK
遊園地のキャラクターにも出会えてラッキー☆
こゎいよ〜
カシャ
私たちが乗ったアトラクションの位置です
Rumpukaruselli
Panoraama
Vankkuripyörä
ゲームコーナー
memo
リンナンマキ遊園地は、4月〜10月営業で、冬季は休業。
（併設の水族館は冬季もオープン）
営業時間は、日によって異なるので、事前にHPでチェックを。
夏場は22時まで営業していることも。
チケットは1回券から1日券など各種あり、夕方割りなども。
無料の乗り物は閉園2時間前ぐらいから乗れなくなるようです
たくさん遊びたい方は1日券がお得です
6つの児童福祉団体によって設立されたリンナンマキ
遊園地で遊ぶことが児童福祉事業への寄付につながるんです
子どもに優しいフィンランドならではですね
こんなステキなところでナシ太郎の遊園地デビューができて良かった！

Linnanmäki Amusement Park ▶ https://www.linnanmaki.fi/en/

メインストリートでショッピング☆
デザイン雑貨めぐり

エスプラナーディ通りはヘルシンキ随一のメインストリート
フィンランドを代表する有名ブランドが軒を連ね新作をいち早くチェックできるんですよ
エスプラナーディ通りは北と南に2本あり
その中央にヘルシンキの人々の憩いの場エスプラナーディ公園があります
P27で朝のお散歩をしていた通りです
エスプラナーディ通り(北) Pohyoisesplanadi
エスプラナーディ公園 Esplanadinpuisto
エスプラナーディ通り(南) Eteläesplanadi
高級ブランドが立ち並んでいるそばにくつろげる公園があるなんて素敵ですよね
さて、ご紹介するフィンランドのブランドはこちら!
artek
アルテック
Finlayson
フィンレイソン
marimekko
マリメッコ
iittala
イッタラ
aarikka
アーリッカ
and more…
MAP
ではスタート!
TRE
8
Aleksanterinkatu
7 カウニステ
メイドバイヘルシンキ 6
3 マリメッコ アレクサンテリンカツ店
Keskustatu
Mikonkatu
Kluuvikatu
Fabianinkatu
Unioninkatu
Sofiankatu
9 ラプアンカンクリ
・ストックマン
1 アルテック
3 マリメッコ ミコンカツ店
アーリッカ 5
イッタラ 4
11 アカデミア書店
Mannerheimintie
マーケット広場
・バルト海の乙女像
・スウェーデン劇場
2 フィンレイソン

❶ アルテック ヘルシンキ

artek とは…

北欧モダンを代表するフィンランド生まれのインテリアブランド。世界的に有名な建築家アルヴァ・アアルトらが、1935年に設立。80年経った今でも愛され続けています

以前のお店より売り場面積が拡張され、1階は雑貨がメイン、2階はソファやチェアなどが多数展示されています。一部、リサイクル品もあるところがフィンランドらしい

壁にスツール60を使った作品が

ビーハイブ(照明)やチェア66などがお出迎え

ベストセラーの「スツール60」は日本のショップやカフェで使われていたりします

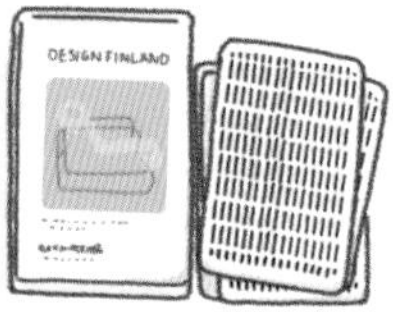
DESIGN FINLAND

アアルトがデザインした建築物や家具などが描かれたトランプ。裏模様はアルテックを代表する「シエナ」というデザインパターン

お店から10分ほど歩くと、アルテックが運営する家具と照明のリサイクル店「Artek 2nd Cycle」があります。貴重なヴィンテージデザインとも出会えます

❷ フィンレイソン

Finlayson

1820年創業という長い歴史と伝統を持つテキスタイルブランド。品質の良い寝具やタオルなどが揃います。パッと目をひく個性的なモチーフや色使いがフィンランドらしい

色の組み合わせがかわいいムーミンのテキスタイルもあります
タオルもあるよ

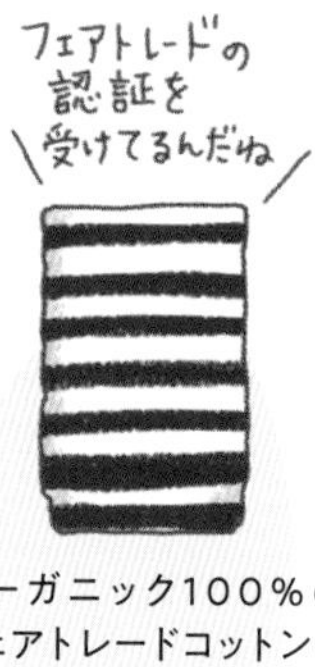
フェアトレードの認証を受けてるんだね

オーガニック100%のフェアトレードコットンを使用したバスタオル

ナシ太郎用に
Finlayson

ちょうどセールだったので、フィンレイソンの代表的なデザイン「エレファンティ」のひざ掛けを安く買うことができました

marimekko

❸ マリメッコ

本書でもたびたび登場しているフィンランドを代表するライフスタイルブランド。アウトレットショップ(p32~)とは品揃えが違うので、こちらの両店もぜひ!

ミコンカツ店

テーブルウェアからベッドまわり、子ども服にスカーフなどの小物類まで品揃えが豊富!生地の取り扱いも多数あります

女の子のワンピース♡
ベビー服も

レザーシューズ
この店舗で初めて見ました!

アレクサンテリンカツ店

ミコンカツ店より小さなお店ですが、カバンやポーチなどファッションアイテムが多く揃えてあります

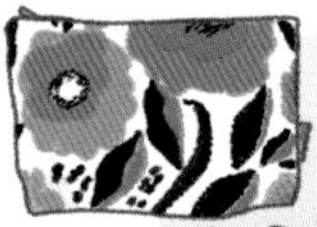
ロサリウムというデザイン名
ステキな配色♪

キルティングのトートバック

iittala

❹ イッタラ ストア

1881年創業。イッタラ村のガラス工場で生まれ、近年は「テーブルウェアの総合ブランド」として人気を博しています

イッタラグループのフラッグシップショップ。ガラス製品のイッタラ、陶器製品のアラビアともに品数はピカイチ。ムーミンのカップやお皿もあります。買いすぎてしまったら、ここから日本への発送も可能

「パラティッシ」を使ったテーブルコーディネートが華やか

最長のフラワーベースと昔使っていた木型の展示も

アルヴァ・アアルトがデザインしたガラスのフラワーベース

ARABIA

アアルトのフラワーベース大好き

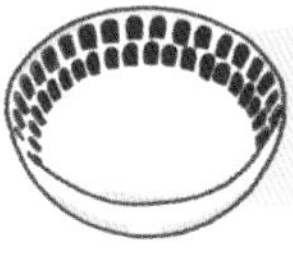

「トゥオキオ」のボウル。
フィンランド語で、
つかの間の時という意味

中心地からトラムで25分の「イッタラ&アラビアデザインセンター」もおすすめ。ショップはもちろん、イッタラやアラビアの歩みを知ることができるミュージアムがあります

Iittala & Arabia Design Centre ▶ https://www.designcentrehelsinki.com/

⑤アーリッカ
aarikka
フィンランドの白樺などで作ったかわいいアクセサリーやオブジェが人気のブランド。特にサンタクロースをお手伝いする「トントゥ」のオブジェは人気
トントゥシリーズは毎年違うものが追加され、コレクションする人も
moi, moi!
キュートなアクセサリーがいっぱい
最近はインテリアも
見てもらいたいショップはまだまだあります
そのほかこの付近でのおすすめショップはこちら
⑥メイドバイ・ヘルシンキ
MADEBY HELSINKI
ヘルシンキを中心に活動する12人のデザイナーによるショップ。ファッション、インテリア、アートなど、ほかでは見つからない個性豊かなデザインと出会えます
トラムをモチーフに駅名がそれぞれ書かれているポーチ
PASILA
植物や動物を描いたタイツ
フィンランドの伝統的な装飾品「ヒンメリ」をモチーフにしているブランド「VALONA」のピアス。フィンランドの白樺で作られています
購入しました♪
38€
おしゃれな子ども服もありました
ヘルシンキデザインの今を感じることができるお店です

❼カウニステ ヘルシンキショップ

kauniste

2008年にヘルシンキで生まれたブランド。北欧のグラフィックデザイナーと職人の力を合わせて、流行に左右されないテキスタイルや雑貨を提案しています

手描きで描かれたあたたかみのある絵と独特の配色が魅力

バスケットはおもちゃや小物を入れるなど用途はいろいろ

人気のキッチンタオル。デザイン名の「ソケリ」はフィンランド語でお砂糖という意味

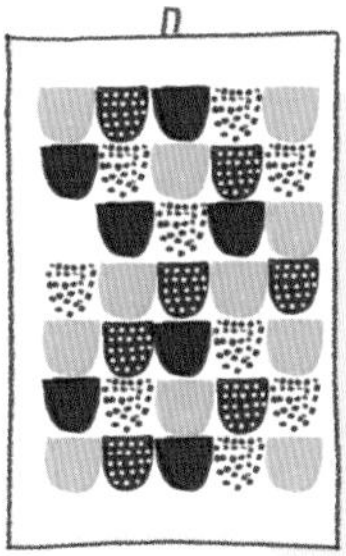

❽ワールド・オブ・トレ

2016年にオープンしたセレクトショップ。雑貨をはじめ、家具、ファッション、コスメなど幅広くフィンランドデザインを扱っています。かわいくオシャレでこだわりのあるアイテムが並んでいます

日本でも評価が高いアーティスト、クラウス・ハーパニエミの子ども服を発見

デザインに惹かれたフロアランプ。合板とボール紙を素材に使っています

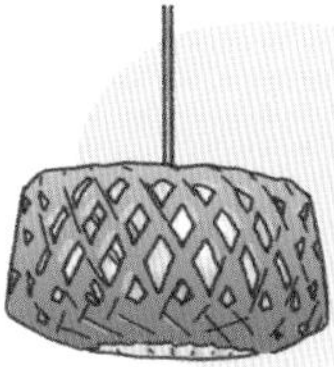

2010年に設立した「ヤトゥリ」というブランドのピアス

❾ラプアンカンクリ ストア&スタジオ

LAPUAN KANKURIT

フィンランド北西部にある小さい町ラプアで1973年に創業し天然素材にこだわった上質なテキスタイルを作り続けるブランドです

このキッチンタオルの柄の名前「KOIVU」は白樺という意味

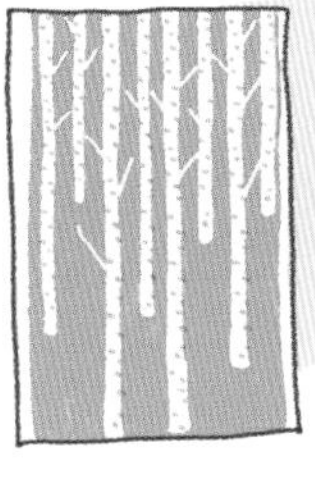

ウール100%で軽く柔らかなブランケット

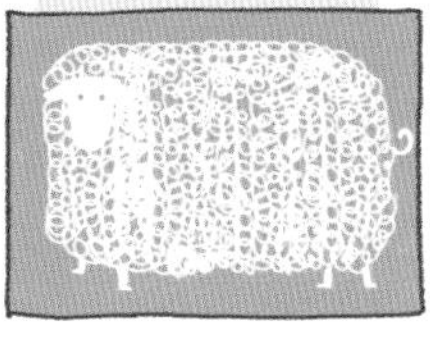

ナチュラルな雰囲気に癒される〜

・Artek
・アカデミア書店
エスプラナーディ公園
Eteläesplanadi
Karkeavuorenkatu
Erottajankatu
Ludviginkatu
MAP
Pieni Roobertinkatu

JOHANNA GULLICHSEN

⑩ヨハンナ・グリクセン

テキスタイル クラフト&デザイン

フィンランドを代表するテキスタイルブランド。伝統と現代が融合した幾何学模様のテキスタイル「ノルマンディコレクション」は代表的な作品。100%コットンの天然素材を使用

ナシ太郎
おめかし用に
購入
COSTO

ずっと欲しかった蝶ネクタイ。たくさん柄があって悩みました

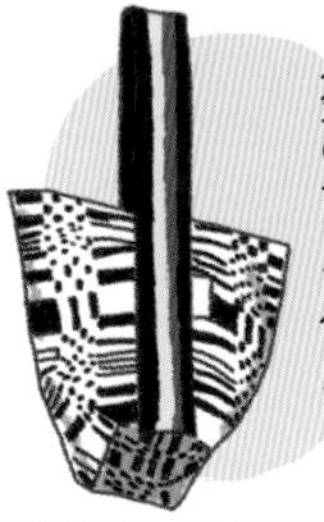

人気のテトラバッグ

AKATEEMINEN KIRJAKAUPPA

⑪アカデミア書店

アルヴァ・アアルトが設計したフィンランド最大の書店。フィンランドを舞台にした映画「かもめ食堂」では、主人公のサチエさんがここを訪れています

2Fはアアルトのカフェがあり、アアルトのインテリアに囲まれコーヒーを飲むことができます

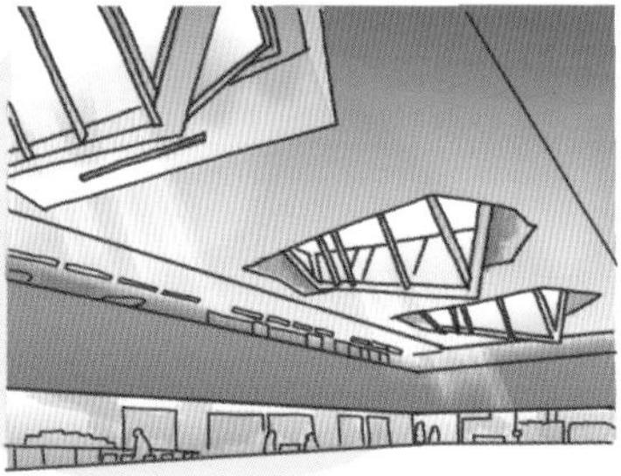

光の入る美しい天窓は一見の価値あり

SIILIN
SATUPUU

森の動物たちの暮らしを描いた絵本

「Siilin satupuu」
PiaPerkiö作 Pia Sakki絵

MAURI KUNNAS
Koiramäen
Suomen
historia

フィンランドの歴史を学べる絵本

「Koiramaen
Suomen historia」
Mauri Kunnas作絵

児童書コーナーではフィンランドの絵本がずらり
ムーミンの本も充実していました

ごきげんにかっぽ

その頃ナシ太郎は…

ベビーカーから降ろせ!と騒いだり、何でも触りたがったりする時期のナシ太郎は夫とエスプラナーディ公園へ

百貨店ストックマン前へ入ると(Keskuskatu通り)ストリート・ミュージシャンが演奏中で、音楽に耳をすませていたそうです

テンションが高くなりすぎてまわりだす…
キャ
キャ
とーり

花やカモメを眺めたりしながら、ベンチで休みつつ公園中を探索していたみたい

posti

⑫ 郵便局

フィンランドに来たら私は必ず郵便局に立ち寄っています。イベントごとにカードを送りあう文化のある国なので、メッセージカード類がとても充実しています

駅前になりますが郵便局もおすすめです

MAP
ヘルシンキ現代美術館(キアズマ)
ヘルシンキ中央駅
Mannerheimintie
Postikatu
kaivokatu

日本の「ゆうパック」のような箱がフィンランドにもあります

毎回旅行したら自分宛に送ってます
消印

HELSINKI
CAPITAL OF FINLAND

フィンランドの観光ポスターが復刻。レトロな雰囲気が素敵

posti

今回、私の気に入った切手はフィンランドの民族衣装を紹介した切手シートです

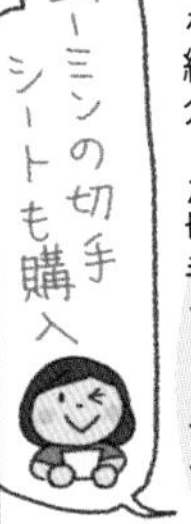
ムーミンの切手シートも購入

小さな子どもと一緒の
おでかけだと
おむつ替えや授乳室
エレベーターの有り無しは
気になりますよね！
次はファミリーの強い味方
ショッピングセンターや
百貨店を紹介します
ショッピングはもちろん
館内にはレストランやカフェ
スーパーまであるので
移動の手間がはぶけて便利
Shopping
Restaurant
Cafe
Supermarket
フロアが広いし
ベビーカーで移動も
ラクラク♪
ス〜イ
スイ
路面店に比べ
閉店時間が遅いのも
嬉しいポイント！
ヘルシンキの中心地の
ショッピングセンターは
「カンピショッピング
センター」や
「フォーラム」があります
FORUM
FORUM
Kamppi
Metroasema
Metrostation
Kauppakeskus
Kopcentrum
「カンピショッピングセンター」は
地下鉄「カンピ駅」や
バスターミナルと直結しています
日本でいう駅ビルです
バス
地下鉄
ブティックから
大型スーパーマーケットまで
150軒以上もの店が入っています
マリメッコなどフィンランドの
有名ブランドはもちろん
3Fにはカンピショッピングセンターの
子ども服専門店
「キッズアベニュー」もあります
Kids Avenue

次は「フォーラム」140軒もの店が入っています
FORUM
こちらもフィンランドの有名ライフスタイルブランド「マリメッコ」をはじめ「フィンレイソン」「ペンティック」などがあります
子ども服ではフィンランドの有名なブランド「Reima」やチェーン店「JESPER JUNIOR」などがあるんですよ
寒い国ならでは
reima《レイマ》
防寒着充実！
そしてこちらの2Fには「ムーミンショップ」も！
赤札のものはお値打ちですよ
フォーラムは私たちの宿泊したホテルからとても近かったので
館内にあるコンビニにスーパーレストランなどよく利用しました
フィンランドではおなじみ「Geisha」のアイス
Geisha
よく買っていました
「カールナバーリ&ケイッティオ」はフィンランド料理が食べられるのでおすすめです
窓から大通りを眺めることができます
1Fはバースタンド風 2Fは広めのテーブル席です
KAARNA BAARI & KEITTIO
ベビーカーの私たちは館内2Fから入店
何を召し上がりますか？
サーモンスープとこちらのお店でおすすめのメイン料理をください…そして

この旅の最大の目的のひとつ!
トナカイかヘラジカの肉をナシ太郎にお願いしまーす!
でも生の部分があると心配だから良く焼いてください
OK!
これ良かったらどうぞ
わぁ♡
図鑑風の写真絵本
ハリネズミとウサギの絵本
写真絵本の鳥のページでは日本では馴染みのないパフィンが登場
パフィンは北極周辺に生息する鳥です
北欧らしさがとても新鮮でした
お料理が来るまで絵本を楽しみました
嬉しいサービス
じゃ〜ん
クリーミーサーモンスープ
スープの中に細切れのサーモンが入っているイメージでしたがサーモンがドーンと真ん中に鎮座
アトランティックサーモンの西洋ワサビソースがけ
スタッフの方のおすすめ。ふんわりと繊細なソースが印象的。季節の根菜と一緒にいただきました
ヘラジカ肉のサンドイッチ
パンはフィンランドの北部ラップランドに伝わる薄型のパン。ヘラジカ肉にはリンゴンベリーソースを添えて

ナシ太郎がすごい勢いでスープを飲んでる！
サーモンの骨とるから待って！
ガツガツ
いよいよ次はヘラジカ！
フフフ…
ナシ太郎は肉好きだし北欧ならではの肉も喜んでくれるかしら
日本からフードバサミ持参
チョキチョキ
どうぞ
わくわく
あーん
ペッ
ガーン!!
え〜!!どうして??もしかして焼き過ぎ？固かった？
おいしい
まぁまぁはいビール
クセのある味だしね
こちらのお店はフィンランド、デンマーク、エストニアのものなどビールが豊富にあり私はフィンランドで有名な「ラピンクルタ」を注文してみました
LAPIN KULTA
ラピンクルタとはラップランドの黄金という意味
ラップランドで作られたピルスナービールで北極圏の清らかな雪解け水から作られたそう
大自然
プハーッ！
爽やかでコクのある味わいでした！

70代、80代くらいのおじいちゃんとおばあちゃんたちだ
ぞろ
ぞろ
ん？団体さん？
シニアのサークルかな
日本の都会のレストランでこんな風景見たことあったかな？
同世代で集まって食事やお酒をイキイキと楽しんでいる姿にこちらまでうれしくなりました
なにげなく入ったレストランでしたが地元の人も観光客も入りやすく
フィンランド料理とビールの揃う良いお店でした
KAARNA
BAARI & KEITTIÖ
メニュー表にはすべての料理の食品情報をきちんと表示
食物アレルギーのある人やベジタリアンでもメニューを選びやすく個性あるみんながひとつのテーブルで楽しく食事できるなんて素敵だなと思いました
vegetarian
Allergy
Menu
次はフィンランド最大の百貨店「ストックマン」をご紹介します
STOCKMANN
フィンランドの有名ブランドが勢揃いし品数も豊富なので一度に買い物ができちゃいます
インテリア、ファッションなどフロアごとに分かれているのでその階に行けば欲しいアイテムがブランド別で見られるのが嬉しい
比較もできるし発見も多いんです

もちろん、授乳室もあり
オムツ替えもできます
有料ですが託児所もついています
頼れる百貨店!
5Fホーム&インテリアのコーナーは
ぜひ立ち寄ってほしい場所!
iittala
フロアいっぱいに
マリメッコにイッタラ
アルテックなどを中心に
フィンランド・ブランドが
広がっています
アルテックのスツール60の
座面のカラーバリエーション
おしゃれなサウナグッズ
「KOLO」というブランドのバケツと柄杓。側面の穴に手を入れて持ち運び、柄杓を入れることもできます。サウナアイテムが豊富で、フィンランド人には大切なものなんだと実感しました
スウェーデンの紙製品にも注目♪
シンプルなデザインが光る「アマゾニカ」。紙皿でもテーブルを華やかにできるんだとびっくり! 木を使わずに、100%リサイクル可能な素材で作られています
おしゃれ〜
Bernadotte&Kylbergのデザイン
ザリガニパーティ用グッズ
スウェーデンからフィンランドに伝わったザリガニパーティは、ザリガニ漁が解禁になる北欧の夏のお楽しみイベント。ザリガニ柄の紙皿と紙ナプキンで、テーブルもにぎやか!

そして同じ5Fにある「ムーミンカフェ」へ
MUMIN Kaffe
「アラビア」のムーミン食器で、パンやケーキを食べることができるカフェ。私たちはシナモンロールとマフィンを美味しくいただきました
ナシ太郎はベビーチェアに座りながら、置いてあったムーミンの絵本や人形を嬉しそうに見ていました。カフェの一角にあるプレイルームで絵合わせゲームなども楽しみました
溶けこんでいる
残念ながら現在閉店しています。またヘルシンキ市内のどこかにオープンする場合があるので mumin kaffe で検索してみてください
6Fのキッズ&ベビー用品のフロアもやはり気になるところ
授乳室もここです
ベビーカー販売コーナー
大きなベビーカーがいっぱい!
今回の旅行でいつも使っている日本製のベビーカーを持参したのですが
石畳になるとガタガタガタガタ…
周りのママたちを見ると安定感のある大きなベビーカーばかりでびっくりでした
ラクラク♪
冬になると雪の降る時期は長いし安定感が大切よね
雪道
零下の雪国ならではのおくるみダウン!ファーがついて暖かそう

北欧は寒くても赤ちゃんを外に出すんだもんね
お昼寝健康法
−15度くらいまで
ありそうでなかった角のないベビーチェア
ベビーに安心デザイン♪
こちらはデンマークのブランド「Done by Deer」抑えめの優しい色を使った動物たちがかわいかったです
done by deer
布絵本♡
子ども服もチェック！
BOGI
ユニークなプリントパターンがかわいい「BOGI」はストックマンの自社ブランド
未来を考えたサスティナブルデザイン
Sustainable DESIGN
素材は環境にも優しいオーガニックコットン
PAPU
私が特に気に入ったブランドが「PAPU」。色目が少なくシックなのにデザインが個性的。描かれている手描きの線やイラストもかわいい
おもちゃ売り場も楽しいですよ♪
ムーミンいっぱい
棚に戻して!!
イヤ〜
ストックマンは1枚のレシートで40€以上お買い物した場合は免税可能
8Fのタックスフリーフロアで免税手続きをしてもらいましょう

ムーミン好きにおすすめの2大スポット

フィンランドにあるムーミン好きさんに
ぜひ訪れてほしい場所を紹介しますね♪

ムーミンとは、フィンランドの女性作家トーベ・ヤンソン氏(1914~2001)の小説や漫画のシリーズ作品。トーベの描く絵は繊細で陰影があり、物語は哲学的な内容もちりばめられていて、国内外、世代問わずに人気を博しています。日本のアニメーション制作会社によって作られたテレビアニメの影響があり、日本でも幅広い層に知られています

物語に浸れる原画や立体作品が間近に

ムーミン美術館

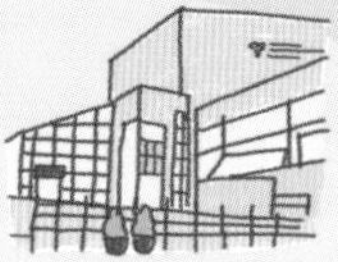

トーベ・ヤンソンの魅力を最大限に味わえるムーミン美術館はヘルシンキから電車で2時間ほどのタンペレという町にある文化施設「タンペレホール」内にあります。
貴重な原画の数々や、物語の名シーンを再現した立体が展示されています。なかでも5階建てのムーミンハウスのミニチュア作品は必見。世界観を大切に作りこまれていて、何時間でも見ていられそう

Lukukirjasto

見終わったあとはライブラリーへ。約20言語のムーミンとトーベ・ヤンソンの本を読むことができます

図録を買いました♡
美術館のロゴ
MUUMIMUSEO
パシャ
まずは入口で写真を

体験型の展示やワークショップもあり、より楽しめる工夫がされています。グッズや図録が並んでいるショップにも、ぜひ立ち寄ってみてください。ショップで切手を買って、美術館の郵便ポストに投函すれば、限定の消印が押してもらえます

ムーミン美術館 ▶ https://muumimuseo.fi/ja

©Muumi maailma

ムーミンのキャラクターに会える夢の島

ムーミンワールド

夏は6月から8月、冬は2月の1週間ほどの期間限定でオープンしているムーミンワールドはヘルシンキから電車で3時間ほど。ナーンタリにある島まるごと、ムーミンの世界観が再現されているんです

雄大な
自然…

ムーミンワールド
限定の消印も！
かわいいムーミンの
カードがたくさんある
郵便局へゴー！
SUOMI・FINLAND
NAANTALI

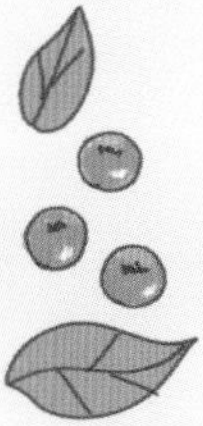

ムーミンハウスやスナフキンのキャンプなどをめぐりキャラクターたちと実際にハグをしたら自分もムーミン谷の住人の気分に☆乗り物のようなアトラクションはないけれど、アスレチックや劇場など楽しいスポットがいっぱい。
ホテルに泊まるならファミリー歓迎のリゾートホテル、「ナーンタリ・スパ・ホテル」がおすすめ。ムーミンがちりばめられたムーミンルームもあるんですよ

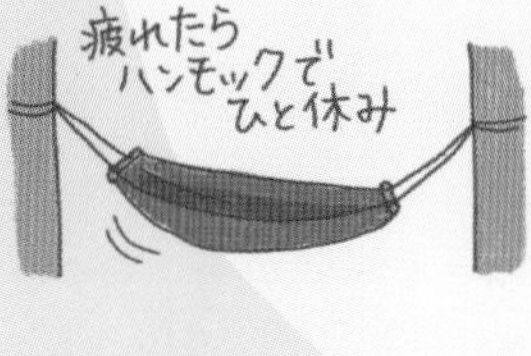
疲れたら
ハンモックで
ひと休み

みんなでおゆうぎタイム

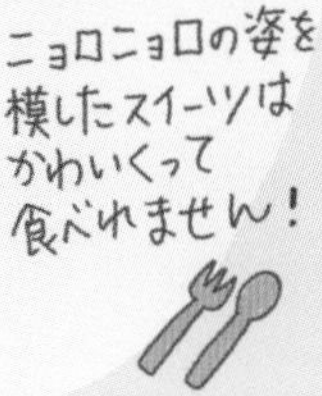
ニョロニョロの姿を
模したスイーツは
かわいくって
食べれません！

ムーミンワールド ▶ https://www.moominworld.fi

かわいい雑貨や
ヴィンテージ食器に
洋服まで
Check!
デザイン大国
フィンランドの蚤の市へ
一期一会の掘り出しものを
見つけに行ってみよう!

少し早めに訪れたので
30〜40店舗ほどが出店
出店者は一般の方が
多い印象でした

ハカニエミのサンデーマーケット

100年以上続いている屋内市場「ハカニエミ・マーケットホール」の前の広場で、夏季期間中の日曜日に開かれている蚤の市

マリメッコ/エッグスタンド、マグ

BRIO

ブリオ/スウェーデンの木製おもちゃ

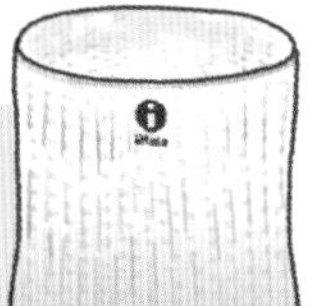

イッタラ/タピオ・ヴィルカラのデザインしたグラス

アラビア/ボタニカのウォールプレート ブルーベリー

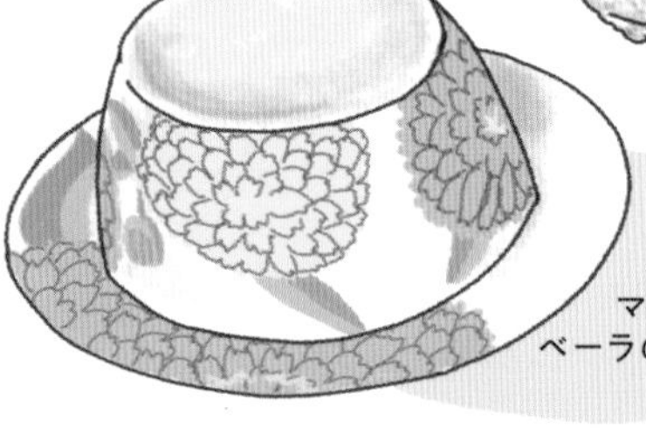

マリメッコ/プリマベーラのボウル、プレート皿

フィンランドの子どもたちに人気の本やスウェーデンの児童文学作家リンドグレーンが書いた「長くつ下のピッピ」も

PEPPI
PITKÄTOSSU
ASTRID LINDGREN

家族連れで来ていた子どもたちの服もとても素敵でした！

日本では見かけない鮮やかな組み合わせ♡

買ったもの

マリメッコ/タサライタのキッズ用長袖Tシャツ

合わせて25€

フィンレイソン/ムーミンのエプロン

フリマ中ずっと遊んでいました

ドイツのおもちゃメーカーsikuのミニカー 50セント

動物シール 1€

MAP
Hämeentie
ハカニエミマーケットホール
地下鉄ハカニエミ駅
Siltasaarenkatu
ハカニエミマーケット
普段は青空市場日曜は蚤の市
ホテル
トラム ハカニエミ駅
Siltasaarenkatu

地下鉄/トラム3.6.6T.7.9番
「Hakaniemi駅」下車すぐ

出店者と会話したりゆったり買い物を楽しむことができました
フィンランドのかわいいおばあちゃんの出店多し
ぬいものしながら出店中

ちなみに、食品や工芸品などを扱う「ハカニエミ・マーケットホール」は日曜が定休日…。立ち寄れず残念

Hakaniemen Kauppahalli

次のフリマへ移動

ヒエタラハティのフリーマーケット

「ヒエタラハティマーケットホール」前の広場で夏季は毎日開催されます

マーケットエリアには出店ブースがひしめき合い

着いたのは11時頃 すでに人がたくさん!

通路には商品も見えないくらい人が行き交っていました

ハカニエミに比べこちらは業者が多め

一般の方も出し慣れている感じがしました

色合いのかわいいワンピースや生地の山

イッタラ/オイバ・トイッカの鳥

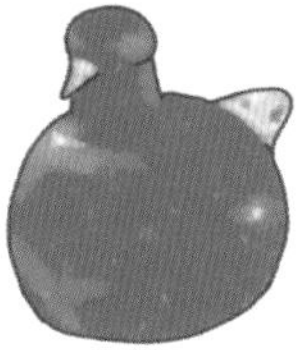

フィネル/ホーロー鍋

グスタフスベリ/スティグ・リンドベリデザインのプレート

アラビア/ロスマリンのティーカップ&ソーサー

買ったもの

破格

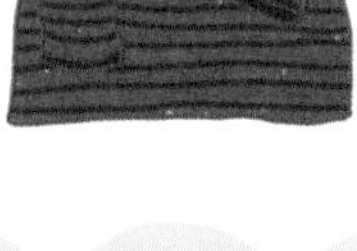

マリメッコ/長袖Tシャツ 4€

2つで30€

マリメッコ/ブーブー柄の子ども用リュック

あればいいなと思っていたリュック

出店者さんが手づくりして自宅で使っていたものだそう

マリメッコ/クルクエ柄のタペストリー

MAP
Lönnrotinkatu
ヒエタラハティ
マーケットホール
Abrahaminkatu
ヒエタラハティ
マーケット
トラム
Hietalahdentori駅
Buleverdi

イッタラのコレクションだよ
現地の人も大好きなんだね

業者さんのブースでご自分の部屋に飾ってあるコレクションの写真を見せてもらったりしました

トラム6・6T「Hietalahdentori駅」下車すぐ。夏場は毎日開催。土日は出店数も多く賑わいます。冬季はお休み

ランチは目の前にある「ヒエタラハティマーケットホール」へ。目当てのスープ屋さん「SOPPAKEITTIÖ」がこの日はお休みだったため、美味しそうなケバブ屋さん「STADIN HERKUT」でいただきました

Hietalahden Kauppahalli
KAUPPAHALLI
SALU HALL

串に刺さったチキンに、煮豆とパクチーが入ったクスクスのサラダ。さっぱりしたヨーグルトソースがマッチしていました

こちらはスパイシーな肉団子バージョン

ナシ太郎はメインのお肉と煮豆が気に入ったようでした

外が暑くておもわずアイスを購入～！

Sateen kaari
（虹という意味）
洋梨、イチゴ、バニラのミックス
レインボー！☆

「Ingman イングマン」のアイススタンド

1年で最も賑わう夏の蚤の市は、開放感いっぱいで気持ちいい！

フィンランドらしい掘り出しものに、たくさん出会うことができました

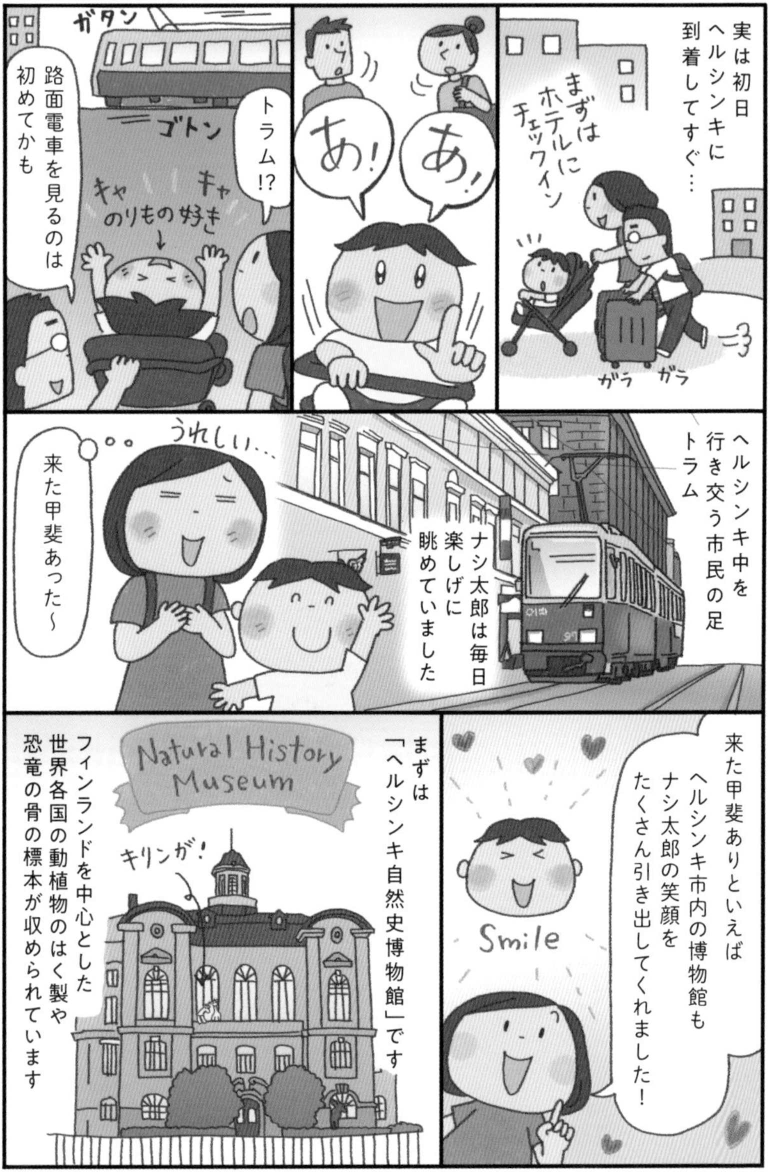

ヘルシンキ自然史博物館▶https://www.luomus.fi/en/natural-history-museum

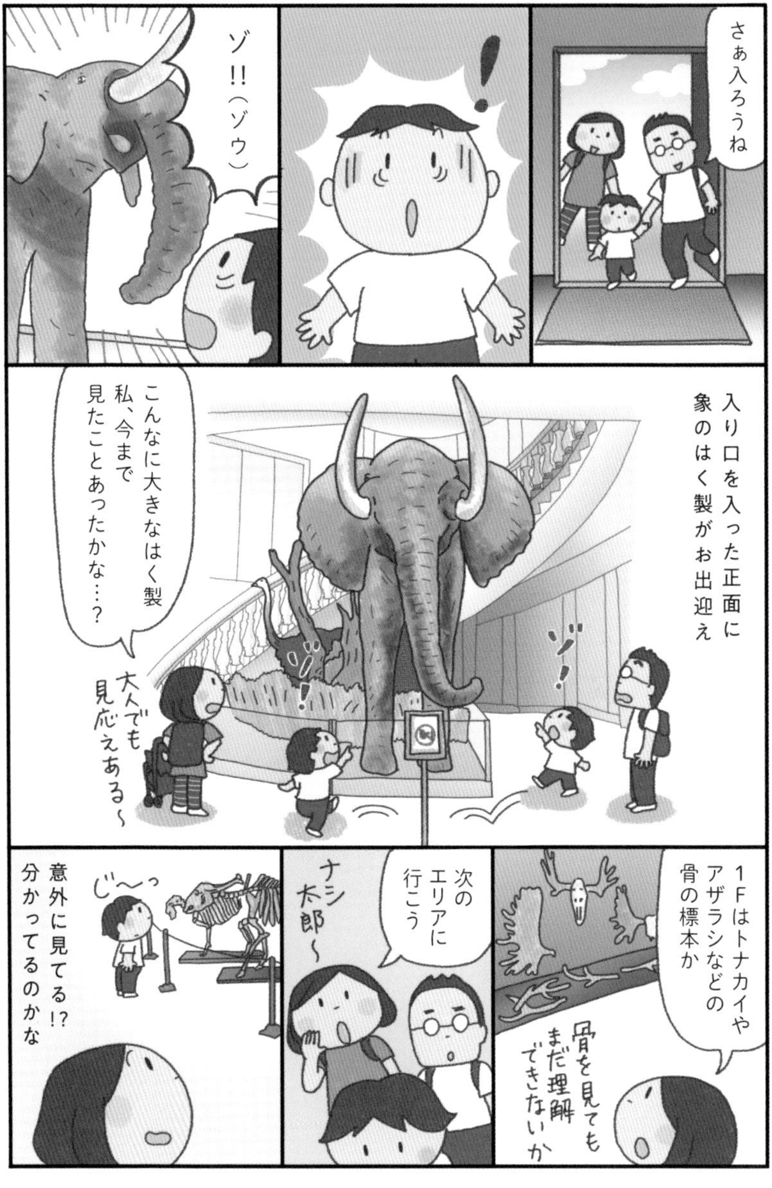
さぁ入ろうね
!
ゾ!!(ゾウ)
入り口を入った正面に象のはく製がお出迎え
ゾ!
ゾ!
こんなに大きなはく製 私、今まで見たことあったかな…?
大人でも見応えある~
1Fはトナカイやアザラシなどの骨の標本か
骨を見てもまだ理解できないか
次のエリアに行こう
ナシ太郎~
じ~っ
意外に見てる!? 分かってるのかな

象の後ろにある階段で2Fへ
!
キィリーン!!
(キリン)
階段を上がった先には
今度はキリンのはく製がお出迎え
キィリーン!
キィリーン!
結構迫力あります
子どももっていちいちナイスリアクションだな〜
ここだけで15分くらいいました
他にも迫力満点のはく製がたくさん展示されているんです!
絶対見てほしい
特に北欧・フィンランドに生育する動植物は見ものです
わっ
しろくまがアザラシを捕獲する瞬間

トナカイ
ヘラジカ
ヒグマ
種類豊富なキノコたち
大きな恐竜の標本もありました
はく製は至近距離でじっと見ることができるので 小さなナシ太郎にとって大変見やすく楽しめました
規模も大きくないので動物園と比べてミニマムにまわれるのも利点です
トータル2時間ほどでまわりましたがもう少し余裕を持ってまわりたいと思えるほど楽しい場所でした
おすすめ!
無料で入場できる日もあるのでWEBを見てね
さて、次は穴場! ヘルシンキ大聖堂の近くにある「ヘルシンキ・シティ・ミュージアム」です
HELSINKI CITY MUSEUM
HELSINKI CITY MUSEUM
日本ではあまり紹介されてないですよ

ヘルシンキ・シティ・ミュージアム ▶ http://www.helsinginkaupunginmuseo.fi/

無料でヘルシンキの歴史を楽しく学べる場所で
展示コーナーに子どものプレイエリア
ショップにはヘルシンキにまつわる雑貨もありすごく楽しめるスポットです
ショップ
ヘルシンキ・ウォーター 2.5€
ダサくなりがちなお土産アイテムがオシャレ！
ヘルシンキの地図をあしらった折り畳み傘とトレー
こちらはナシ太郎用にゲット
トラムがプリントされたトートバッグにTシャツ
歩き疲れたらドングリみたいな照明とアート作品が飾られた広いフロアで休憩することもできます
昔のヘルシンキの風景写真やジオラマが展示されていて
当時の暮らしぶりを知ることができました
そして子どものお楽しみ「Children's Town」へ
こちらでも昔のヘルシンキを体験できます
タイムスリップ！

18世紀の街を再現した
コーナー内には当時の船も
子どもって回すの大好き
置かれてるカゴ等もかわいかったです
魚
ウィンナー
キッチンコーナーには
昔の食器類やパンなど食品
サンプルが置かれていました
ワークショップルームは
1930年代の小学校の教室が
再現されていました
家族でぬり絵をされていました
馬車に乗って
ハイ・ポーズ!
タイムスリップ
展示の見せ方や空間づくりもオシャレ
入場無料で子どもも楽しめるなんて嬉しい
1時間ほどあれば見られる場所です
次は「デザイン博物館」です
フィンランドが生み出した名だたるデザインアイテムを肌で感じることができるんですよ

フィンランドのインテリアや雑貨が大好きな人は必見
ブランドやデザイナーについて深く知ることができます
1Fは名作が一堂に集まる常設展
マリメッコ
アルテック
自分のセンスも磨れていくよう…
2Fと地下1Fは企画展が開催されています
私が訪れた時はイッタラの「i」マークをデザインしたティモ・サルパネヴァの展示でした
Timo Sarpaneva
ティモのデザインしたヒットアイテムたちがずらり！
なかでも有名なのは…
ホルダー付きグラス "Tsaikka"
キャセロール
ミラノでグランプリを獲得しているiシリーズのグラス
このシリーズの時に考えた「i」マークがのちのちイッタラマークになりました
大きなフロアではイッタラのガラス職人による制作映像が映しだされていました
じーーっ
私たちだけなので中央で観させてもらう
観てるね！

退屈して作品に触れようとヤンチャをしはじめたので
いそげー
うーっ
イライラ
地下のデザインワークショップルームへ行ってみました
おお〜!!
部屋は子どもたちの作品がいっぱい
マリメッコのクロス
どんな街に住みたいか描いてみようと書かれてました
貸出し用のエプロンもマリメッコ
エーロ・アールニオがデザインした〝ポニー〞
ナシ太郎は一心不乱におもちゃで遊んでいました
ショップにも注目！クラシカルなものから若手作家のものまで注目のフィンランドデザインが集まっています
木目をそのまま活かしたデザイン
「アーリッカ」の一輪挿し
「トンフィスク」のティーポット&カップ
ハンドルなし
最後にフォトスポットエーロ・アールニオの〝ボールチェア〞で記念撮影！
お願いじっとして〜!!

紹介した3館とも市内の中心地にあるのでアクセスはGOOD!
ヘルシンキシティミュージアム
徒歩20分
ヘルシンキ中央駅
ヘルシンキ現代美術館
Pohjoinen Rautatiekatu
ヘルシンキ自然史博物館
カンピショッピングセンター
Aleksanterinkatu
エスプラナーディ公園
Korkeavuorenkatu
徒歩15分
徒歩20分
デザイン博物館
屋内ですし天候に左右されないのも嬉しいですね
夜
ないんだ…
携帯がないんだ…
ブル
ブル
多分、デザイン博物館内で暴走しはじめたナシ太郎を止めようとした時だ…
触っちゃダメ!!
キャキャ
えーっ!!
明日は移動日で早朝から出発するんだよ!
もし誰かに盗られてたらどうするの?
ひぃ〜っ
翌朝
リリリリン…
昨晩メールをしたデザイン博物館から電話だ!
リリリン
私の携帯
あったー!!
サンキュー!
キートス!
こういうのも旅の思い出だね
取りに行ってくる〜
どっと疲れた
デザイン博物館の皆様ありがとうございました。

図書館の利用率が世界一と言われるフィンランド
子どもが生まれてから図書館に行く機会が増え身近になった私はヘルシンキの中心地にある図書館に行ってみることにしました
リクハルディンカトゥ図書館
Rikhardinkatu Library
エスプラナーディ通りから徒歩3分。1882年に北欧で最初の公共図書館として建てられました
レトロモダンで美しい螺旋階段が魅力
読書に集中できそう
アルテックをはじめ机や椅子にも注目を
ん? あの部屋何かな?
ギャラリー?美術商?
隣の店に入っちゃった!?
スタッフの方
こちらの図書館は絵画を貸し出しているんですよ
ヘルシンキのアーティスト協会に所属するアーティストの絵画や写真、彫刻などの作品をレンタルすることができます。部屋に飾って鑑賞する利用者もいれば、絵を勉強したい学生に貸し出すこともあるそう。購入も可能
子どもコーナーも充実!フィンランドの児童文学「オンネリとアンネリのおうち」を発見
実写版の本もありました
MARIATTA KURENNIEMI
kootut kertomukset
描き手と受け手をマッチング
絵を飾ることで暮らしを豊かに
アーティストの収入が増える
若き才能の育成
地域の活性化
日々の潤いとアーティストへのバックアップを感じました

Rikhardinkatu Library ▶
https://www.helmet.fi/fi-FI/Kirjastot_ja_palvelut/Rikhardinkadun_kirjasto

「ヘルシンキ中央駅」の目の前に位置し、アクセス抜群。利用者のニーズに合わせたパイロット的な図書館で、特に音楽に関する環境が充実し、楽器屋さんにいるみたいでした！
ライブラリーテン
Library10
防音設備のあるスタジオも完備
本におもちゃ、CDにDVDが置いてありました
3Dプリンター
グランドピアノやギターの貸し出し
高価そうなターンテーブルも!
DISCO!
「Lunch break disco」という食後にダンスをするイベントもあるみたい
WC
1€
トイレは1€。公共の施設でも料金がかかるんですね
中央駅付近です
私が訪れた後「ライブラリー10」はクローズし
ヘルシンキのシンボルとなる図書館が誕生しました！
建築好き必見!
オーディ
Oodi
Fazer
1Fはカフェに映画館
フィンランドの持つすべてのセンスを集約した図書館と言っても過言ではないかも
3Fは開放的な空間に10万冊の本が並ぶ図書フロア。子どもコーナーもこの階にあります
ゲームに楽器も
2Fはワークショップができるフロア

Oodi Helsinki Central Library ▶ https://www.oodihelsinki.fi/en

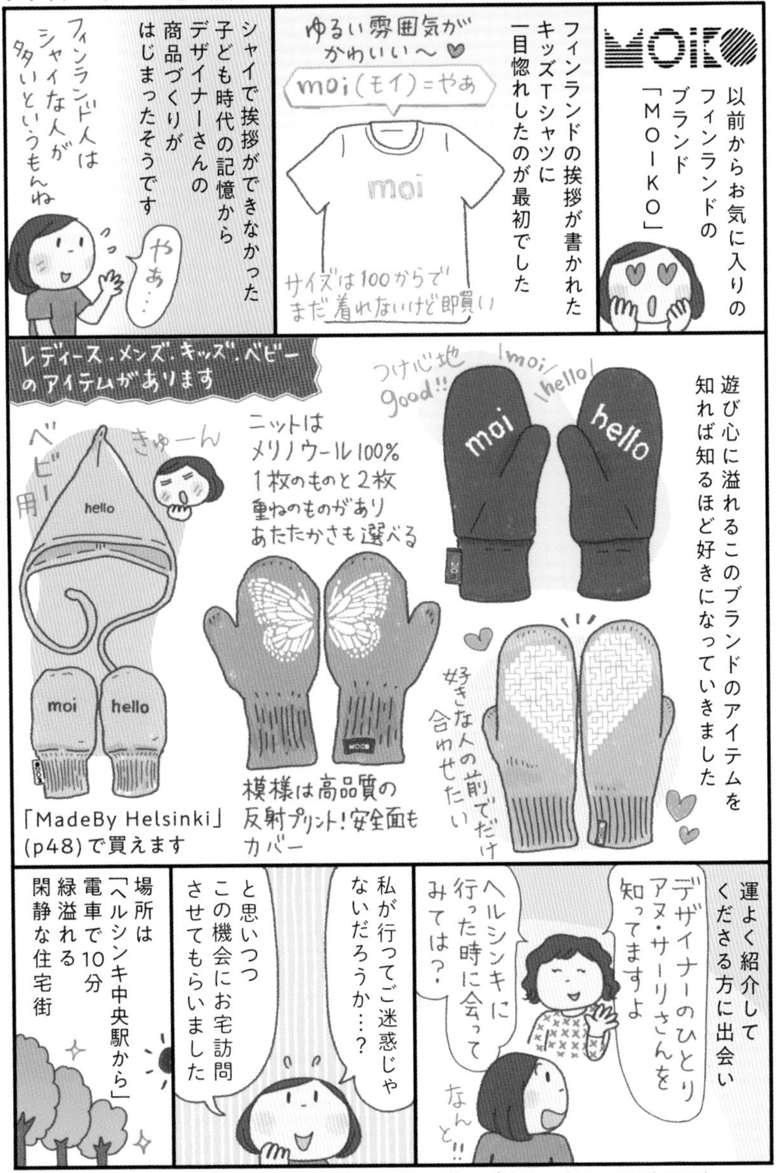
MOIKO
以前からお気に入りの
フィンランドの
ブランド
「MOIKO」
フィンランドの挨拶が書かれた
キッズTシャツに
一目惚れしたのが最初でした
ゆるい雰囲気が
かわいい〜
moi(モイ)=やあ
moi
サイズは100からで
まだ着れないけど即買い
シャイで挨拶ができなかった
子ども時代の記憶から
デザイナーさんの
商品づくりが
はじまったそうです
やあ…
フィンランド人は
シャイな人が
多いというもんね
遊び心に溢れるこのブランドのアイテムを
知れば知るほど好きになっていきました
レディース・メンズ・キッズ・ベビー
のアイテムがあります
つけ心地
good!!
moi/
hello
moi
hello
好きな人の前でだけ
合わせたい
ニットは
メリノウール100%
1枚のものと2枚
重ねのものがあり
あたたかさも選べる
模様は高品質の
反射プリント!安全面も
カバー
ベビー用
きゅーん
hello
moi
hello
「MadeBy Helsinki」
(p48)で買えます
運よく紹介して
くださる方に出会い
デザイナーのひとり
アヌ・サーリさんを
知ってますよ
ヘルシンキに
行った時に会って
みては?
なんと!!
私が行ってご迷惑じゃ
ないだろうか…?
と思いつつ
この機会にお宅訪問
させてもらいました
場所は
「ヘルシンキ中央駅から」
電車で10分
緑溢れる
閑静な住宅街

MOIKO▶https://www.moiko.fi/en　Anu Saari▶https://anusaari.com/

ヘルシンキ中心地とは違って高い建物もなくのんびりしてる～
地図ではこのあたりみたいだけどどこがアヌさんの家なんだか…
柵の中に複数の家
あ、きっとアヌさんだわ！こんにちは～！
はじめましてお会いできて嬉しいです
どうぞお家に入って
MOIKO以外でもフリーのイラストレーターやデザイナーとして活躍中
3歳と6歳のかわいい姉妹
旦那さまは脚本家
MY WAY ALLDAY
ダイニング
白でシンプルに統一。窓から見える緑が一層きれいに見えました。食器棚にはイッタラやマリメッコが陳列
アルテックのビーハイブ
子ども部屋
こちらはカラフルでポップな雰囲気。キリムのラグの色味も部屋に合っていて素敵
寝室
白やナチュラルな木の素材でまとめられていて落ち着いた印象
シンプルで物が多くなくすっきりした印象でした
日頃から断捨離をされているのかな

子ども部屋にあった絵本は、さすがアーティストが選んだもの。言葉は分からずとも感性を刺激しそうなものばかりでした
わぁ素敵な絵本！
WILDE DIEREN
「WILDE DIEREN」著：Rop van Mierlo　野生動物が描かれた絵本。水彩絵具のにじみを使って描かれた絵が想像力を豊かにしてくれそう
「Tuulen vuosi」著：Hanna Konola　四季の風の動きを紹介した絵本。日本でもパッケージイラストを手掛けられているHannaさんの作品
TUULEN VUOSI
JENNI ROPE
Pallen & Monkon
KUMMA PÄIVÄ
「Pallen & Monkon kumma päivä」著：Jenni Rope　森の中のキノコが主人公のお話。表紙の絵だけで即買いしてしまいそうなくらいキュート
敷地内を案内するわ
公園もあるんですか!?
しかもグレートーンで統一されててオシャレ～♪
この中に暮らす人たちが共同で使える公園や物干し場もあるの
へぇ～
玄関わきにあるテラスでお茶にしましょうか
テラス！

色とりどりのおしゃれな器に
フィンランドのベリー、
カレリアパイに
美味しそうなアイスクリーム！
カレリアパイ
ふわふわアイス
アラビア社のフローラ
ピスタチオ
スイカ
アラビア社のオマ
ロールストランド社のシティ
イッタラ社のティーマ
カシスジュース
イッタラ社のガラスボウル
イチゴとブルーベリー
カシスジュースはアヌさんのお母さんがこの庭で採れた実で手づくりしたものですって
ほっこり…
イチゴイチゴ
食べすぎ！
ダメッ
そして住宅の敷地内なのに圧倒的な緑の多さ…
こんなふうに毎日暮らせたら幸せだろうな
徒歩10分ほどのスタジオに行きましょうか
ありがとうございました！
ここはアーティストたちが共同で借りているスタジオなの
遊び疲れて寝た
私はここよ
立って作業してるよ

この棚には原画が入ってるの
これはMOIKOのアイテムで使用した文字よ
moi
ガラガラ
筆を使って、手描きしていたんですね
見学できて嬉しかったです
ゆったりとした住まい
その近くにスタジオ
羨ましいです～
あ
ここは街の人たちが集会をしたり子どもたちが遊べるところなの
夏休み中は子どものためにここで毎日ランチを無料で配ってくれるのよ
他の地域でもやっているけど
なんと!! 毎日無料で!!
さすがフィンランド
うちの親は共働きだったから大変だったと言ってたな…
会社の昼休みに一時帰宅
いってきます
兄
私
このシステムがあったら助かっていただろうな
このバスなら中央駅まで行くわ
ありがとうございました!
住まいに仕事場に家族との時間…
これからのライフスタイルにヒントをもらえた気がしました

Photos from Helsinki
ヘルシンキ旅のフォトアルバム

澄み渡った青空がヘルシンキ大聖堂に映えること!

フィンエアーでいざヘルシンキへ

夏場がいちばん活気づく港のマーケット

トラムから見たヘルシンキ中央駅

絶品だったトナカイのパイとサーモンのオープンサンド

何を見てもリアクションしてくれるナシ太郎

迫力あるはく製が魅力のヘルシンキ自然史博物館

マリメッコのアウトレットは
写真を撮りたくなるポイントがたくさん

リアルで大人もドキドキ。
間近で見られることができて、いい機会でした

こちらもマリメッコのアウトレット。膝に座って欲しかった…

デザイン博物館のワークショップルーム。
エーロ・アールニオデザインのポニー（写真左）

ヘラジカ肉のサンドイッチ。
ナシ太郎の口には合わなかったようで残念でした

Photos from Helsinki
ヘルシンキ旅のフォトアルバム

アヌさんの家にて。
食器の合わせ方も見事で勉強になりました

車止めがカメやクマの形でキュートなんです。
ナシ太郎も興味津々

「MOIKO」のアイテムたち。
かわいい絵柄が光で反射するところもナイスデザイン

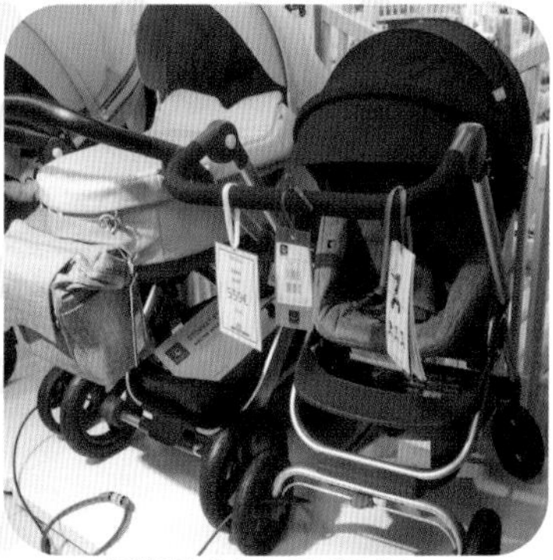

百貨店には日本では見かけない
大きなベビーカーが並んでいました

白夜のため、夏は夜でも明るいフィンランド。
リンナンマキ遊園地も22時までオープン

どこのお家も素敵な庭があって、
ガーデニングのレベルが高い〜

お部屋ごはんの買い出しアイテム。
チーズやハムなども美味しい～

どこまでも続くベビーフードの棚。
こんなに種類があるなんて驚きです

市場で見つけたトナカイ、ヘラジカ、
クマの加工肉の缶詰とトナカイチップス

フィンランドの定番カクテル。日本でも売られています

ヘルシンキ・ヴァンター国際空港のキッズラウンジ。
点在しているので助かります

こちらはフィンランドのクラフトビール。ラベルが個性的

もっと知りたい！フィンランドの育児①

うれしいサポート、ベビーパッケージとネウボラ

赤ちゃんの衣類やお世話のための道具など、出産準備の必需品が大きな段ボール箱で届く、フィンランドのベビーパッケージ。妊婦健診を受診しているプレママが無償でいただけるものです。現金支給を選ぶこともできますが、だいたいの家庭が（第一子の場合は特に）ベビーパッケージを希望するのだそうです。

パッケージの中には、デザインがキュートなベビー用品がいっぱい。箱の中身の選定は、先輩ママさんたちの意見を参考に、厳選されています。外箱の段ボールは、ベビーベッドとして使えるようになっていて合理的で機能性に優れているのも、フィンランドらしい考え方。この制度が80年前からスタートしていたということにも驚きです。

余談にはなりますが、東京に住んでいた頃、西日本出身の私たち夫婦は、東京に身内がおらず、東京での出産&産後は想像以上に心細かったのを覚えています。私の場合は、子どもを保育園に入れたことで保育士の先生と繋がることができ、気持ちが救われました。

悩みができたら
すぐ相談
ネウボラおばさん

その経験から、私が羨ましいと思ったのがフィンランドの“ネウボラ”の存在。ネウボラはフィンランド語で“アドバイスする場所”という意味。妊娠〜子どもの小学校入学前まで定期的に同じ保健師さんのもとへ通えることから、“切れ目ない支援”と言われています。

同じ保健師さんに小学校入学前までみていただくことで毎回違う人に説明する煩わしさはないですし、信頼関係も築けて、相談しやすそうです。ネウボラは体調面はもちろんですが子どもと家族の心の健康にも重きをおき、対話を大事にすることで、早期発見、早期支援につなげています。

2章

FINLAND PORVOO

フィンランド・ポルヴォー

フィンランド人の一般的な夏休みの過ごし方は
サマーコテージに行き自然のなかで静かにゆったり過ごすのが特徴です
電気の通ってないコテージも多く時給自足の生活をします
自然のなかに身を置くことで自分をリセットします
フィンランドのソーセージ"マッカラ"を焼くのは夏の風物詩
フィンランドはサウナ発祥の地コテージにはサウナもあるんです
熱くなったら湖へドボン
ちなみに夏休み期間は3、4週間!
これだけ時間があれば家族とゆっくり過ごしたり自分のやりたいことができそう
フィンランドの森や湖の景色が大好きな私にとって
この夏休みの過ごし方は憧れそのもの
いいないいな
今回の旅行で少しでもそれを体験できたら…と思っていた矢先に
Facebookで偶然に知り合いになったフィンランド在住のはるかさん
はるかさん
共通の友人がいた
メールのやりとりで
フィンランドに来る際は立ち寄ってくださいね
え・本当に行っちゃうよ!

※マッカラ…ソーセージのこと。グリルで焼く「グリッリ・マッカラ」が定番。

これは大きな石ですが森の守り神として祀られています
万物に神が宿る…日本と考え方が似てますね
この先にアスコラの甌穴群がありますが見に行ってみますか?
甌穴《おうけつ》!
これは最も大きいもので10m以上の深さがあるんですよ
巨人の風呂釜という名前がついてます
日本の甌穴とは違い氷河期の氷が溶けた時にできたもので〝氷河臼〟といいます
氷河臼《ひょうがうす》
砂利入りの急流がドリルのように削りはじめ
しだいに広がっていく
自然の力はすごいな〜
ここを抜けたところにBBQのできる場所があります
市民で使える共同のスペースです
ここです
ささっ
ささっ
どうぞ焼いてください
お見事!
木の枝がクシに!

わくわく
わくわく
焼けた〜!!
じゅううう
いただきまーす
紙ナプキン
すごくジューシー
皮がパンパンに
ふくらんでいる〜
おいし〜
空の下、
自分で焼いた
ソーセージは
格別だね
ハフハフ
焼きマシュマロも美味でした
ナシ太郎のごはんは
朝、スーパーで買った
大きな瓶のベビーフード
ペロリと完食！
250gってすごくない？
ボロネーゼ！
PILTTI
Taapero
Spagetti Bolognese
おいしくて大人もいけそう
日本のベビーフードで3歳までの表記は珍しい
その後も
イチゴをドカ食い
食べすぎ
日本のイチゴより口に合ってるナシ太郎

さぁ次は湖に泳ぎに行きましょう
ブ～ン
着きましたこの湖です
ザ・フィンランドな景色ですね♡
あのハウスのなかで着替えができます
シャワーも
準備完了！
コンタクトに
カメラ担当
わぁみんな泳いでる～
楽しそう～
キラキラ
キラキラ

ちっちゃな子は
この浮き輪があるエリアです
へ〜
そろ〜リ
ドキドキ
にこっ
ホッ
よかった
ご機嫌に楽しむナシ太郎
ひたすら続く
水面をパシャパシャ
たまにじーっ
笑顔で見守っているはるかさん
バシャバシャ
練り歩く
小さなお魚を見つけて観察
おーい
深いところまで泳いだ夫
冷たい!!
私も入ってみた
憧れの森と湖…
みんなで体験できて良かった
写真楽しみ〜
はるかさんと最後に
私の提案で〝お絵かき会〟
日本から持参
実は私
フィンランドの
子ども向けの
アート教育に
興味があるんです
子ども絵画教室を月1回してます
kids program

フィンランドは0歳から
お絵かきするなど
感性を豊かにする
ワークショップがあるんです
赤ちゃん用の絵の具は
果物ピューレ
しかし、夏季はそういった
スクールもお休みらしく
体験することはかなわなかったので
はるかさんに
単純なお絵かき会でいいので
やりたいと伝えていました
OK!
友だち家族も
誘いました
二児の母
うちのマンションの前で
描きましょう
ありがとう
ございます!
0歳↑
2歳↑
って、
マンションの
前で!?
ビニールシートも敷かず?
苦情とかこないのかな…
これもフィンランド?
ててて…
ズル
ズル
ニコニコ
ありがとう~!
カレリアパイ↓
すっ
かわい~
ちょっと!!
さっき食べたところでしょ?
ウエットティッシュで
手も拭いてないし!
あ~もう! 靴もちゃんと
履けてない…
はっ

豊かな自然のなか
子どもも大人ものびのび
楽しんでいる姿を見て
ゴロゴロ…
大人も
のんびり
自分だけが〝～してはいけない〟と
キーキーしていることに
気づきました
お絵かき会
はじめ～！
はるかさんがスーパーで
ダンボールをもらってきてくれた
教えたわけでもないのに
描くことを楽しめるなんて
スゴイなぁ
ひととおり終えると
絵の具用に置いていた水を
見つけ遊びはじめました
バシャ♪
キャ
キャ
バシャ
キャ
びしゃ
びしゃ

いつもの私だったら
割って入っちゃう
ところだけど
ここは自由にやらせよう
最後に出来上がった作品を並べ
写真に収めました
青空の下、芝生のいいにおいに
包まれながら
気持ちの良い時間を
過ごすことができました
ホテルまで送ってもらい
はるかさんとお別れ
ありがとうございました！
気持ちのあり方を
考えさせられる
素敵な時間だったな〜
翌朝
おはよ〜！
食堂へ行くよ〜
SPARR
1泊したホテルは
長距離バスの発着所から
すぐのファミリー歓迎の
老舗ホテル
MAP
ホテル
長距離バス発着所
スーパー
スーパー
ルーネベリの銅像
青空マーケット
朝食ビュッフェ
チーズにハムや野菜
玄米パンなど
おいしそうな
パンもいっぱい♪
北欧のきゅうりは大きい
食器もかわいい

フィンランドの定番の朝ごはん
多くの種類を少しずつ食べられて嬉しい
アルミ箔で包んだチョコ
ミートボール
レーズン入りセサミパン
クロワッサン
ウィンナー
北欧では定番のパンなどにつけるペースト
タラコ
サーモン
北欧のクロワッサンおいしい
ミューズリー×ベリー×ヨーグルト
ポルヴォー観光の前に知っておきたい有名人をご紹介させてください
ポルヴォーに居を構えていたあの方です!
フィンランド国歌を作詞した偉大な詩人J・L・ルーネベリさんです!
1804-1877
ユーハン・ルードヴィーグ・ルーネベリ
ヒューヒュー
パチパチ
ヘルシンキにあるエスプラナーディ公園で港を向いて立っている銅像は彼です
たびたびカモメが止まってる
彼の名前がついたお菓子〝ルーネベリタルト〟は2月5日に食べる慣習がありフィンランドの国民的スイーツです
2月5日はルーネベリの日
（彼の誕生日）
Runebergin torttu
〝ルーネベリタルト〟は甘党のルーネベリの奥さんがルーネベリのために作ってあげてたお菓子なんですって♡
きゅーん

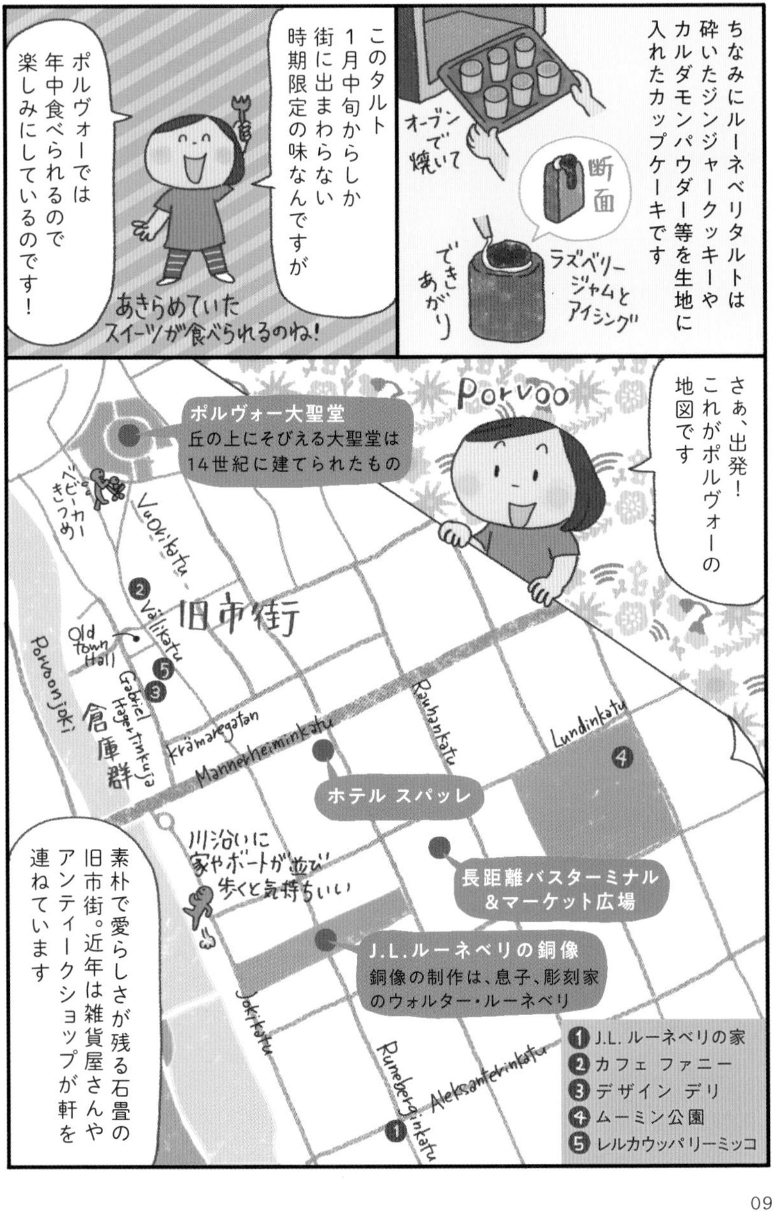

ちなみにルーネベリタルトは砕いたジンジャークッキーやカルダモンパウダー等を生地に入れたカップケーキです
オーブンで焼いて
断面
ラズベリージャムとアイシング
できあがり
このタルト1月中旬からしか街に出まわらない時期限定の味なんですが
ポルヴォーでは年中食べられるので楽しみにしているのです！
あきらめていたスイーツが食べられるのね！
さぁ、出発！これがポルヴォーの地図です
Porvoo
ポルヴォー大聖堂
丘の上にそびえる大聖堂は14世紀に建てられたもの
ベビーカーきゅうめ
Vuorikatu
旧市街
Välikatu
Old Town Hall
Porvoonjoki
Gabriel Hagertinkuja
倉庫群
Krämaregatan
Mannerheiminkatu
Rauhankatu
Lundinkatu
ホテル スパッレ
川沿いに家やボートが並び歩くと気持ちいい
長距離バスターミナル&マーケット広場
J.L.ルーネベリの銅像
銅像の制作は、息子、彫刻家のウォルター・ルーネベリ
Jokikatu
Runeberginkatu
Aleksanterinkatu
素朴で愛らしさが残る石畳の旧市街。近年は雑貨屋さんやアンティークショップが軒を連ねています
1 J.L. ルーネベリの家
2 カフェ ファニー
3 デザイン デリ
4 ムーミン公園
5 レルカウッパリーミッコ

❶「J.L. ルーネベリの家/Runebergin talo」

ルーネベリ家族が25年間住んだお家がそのまま残されており19世紀の暮らしを見てまわることができます

ナシ太郎大喜びの美しい庭園は必見

妻フレデリカが使用していたキッチン道具

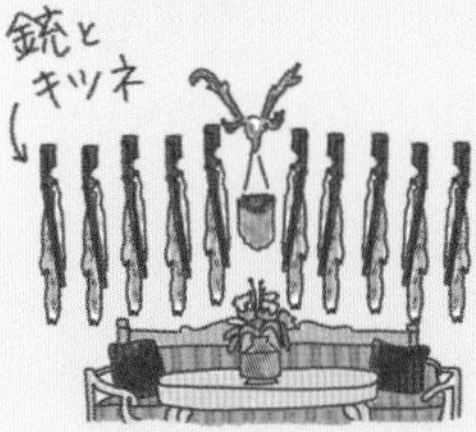

ハンティングされたキツネたち。寒い国ならでは

ポストカードを購入

❷「カフェ ファニー/Cafe Fanny」

ルーネベリタルト目当てで訪問。ランチを兼ねてサーモンパイもオーダー

サーモンとチーズとディルたっぷりのパイ。美味しくないわけない! 食感もグッド

生地はしっとりめ。ラズベリーの酸味とマッチしてる~

❸「デザイン デリ/Design Deli」

人気のフィンランド人デザイナーたちが作った、クオリティの高い小物やアクセサリーが並び、見ているだけで楽しくなります

design deli
porvoo borgå

力強く描かれたトナカイのタペストリー

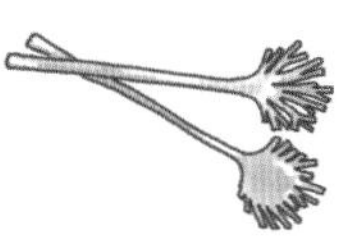

自然をモチーフにしたスチール製のカトラリー

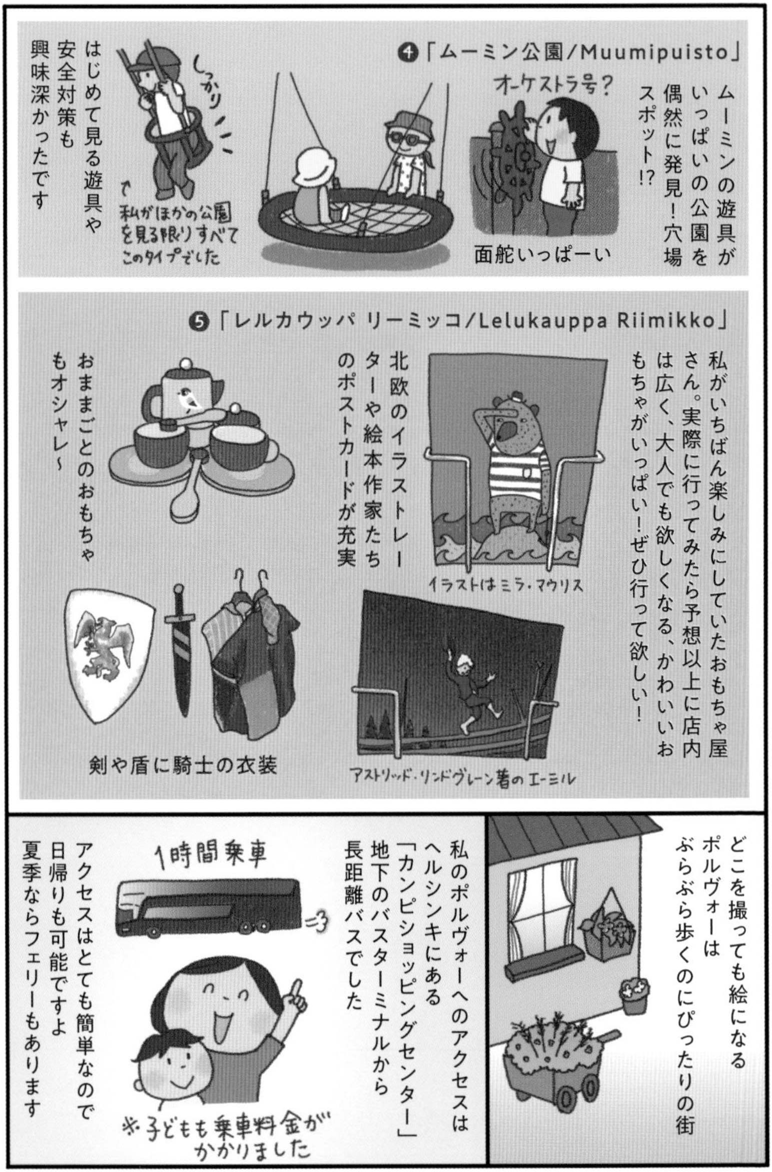
❹「ムーミン公園/Muumipuisto」
ムーミンの遊具がいっぱいの公園を偶然に発見！穴場スポット!?
オーケストラ号？
面舵いっぱーい
しっかり
で私がほかの公園を見る限りすべてこのタイプでした
はじめて見る遊具や安全対策も興味深かったです
❺「レルカウッパ リーミッコ/Lelukauppa Riimikko」
私がいちばん楽しみにしていたおもちゃ屋さん。実際に行ってみたら予想以上に店内は広く、大人でも欲しくなる、かわいいおもちゃがいっぱい！ぜひ行って欲しい！
北欧のイラストレーターや絵本作家たちのポストカードが充実
イラストはミラ・マウリス
アストリッド・リンドグレーン著のエーミル
おままごとのおもちゃもオシャレ～
剣や盾に騎士の衣装
どこを撮っても絵になるポルヴォーはぶらぶら歩くのにぴったりの街
私のポルヴォーへのアクセスはヘルシンキにある「カンピショッピングセンター」地下のバスターミナルから長距離バスでした
1時間乗車
※子どもも乗車料金がかかりました
アクセスはとても簡単なので日帰りも可能ですよ夏季ならフェリーもあります

Photos from Porvoo
ポルヴォー旅のフォトアルバム

枝に刺したマッカラを焼くナシ太郎。
意外に飽きることなく、じっと焼いていました

長距離バス「オンニバス」を利用し、
1泊のポルヴォー旅行へ

あつあつに焼けました。マッカラの入っていた袋も
燃やせる仕様で持ち帰りのゴミはゼロ

はるかさんと森の奥へ。森のいい薫りがします

途中で立ち寄ったパン屋さんは映画のセットみたい。
レトロな雰囲気で素敵でした

自然享受権があるフィンランド。
誰の土地であっても自然の恵みを分かち合うことができます

Photos from Porvoo
ポルヴォー旅のフォトアルバム

お絵かき会スタート。説明しなくても感じ取って
描き出していました。子どもってすごいな

ポルヴォー内を移動中に出会った牛たち。
のどかな風景が広がっていました

古くから貿易の町として発展したポルヴォー。
この倉庫に輸入品を一時貯蔵していました

美しい森と湖。ここでこれから泳ぐんだとワクワク

お店や家ごとにお花が上手に飾られていて
そのセンスに脱帽でした!

現地の子どもたちは慣れた感じで泳いでいました。
冷たくないのかな?

テンションがすごく上がったおもちゃ屋さん。
街でも有名なお店みたい

ルーネベリの家では奥様が使った
タルトの型を見ることができました

女の子コーナーはキラキラと乙女チックな
アイテムがいっぱい♡

庭が素敵だと聞いていたルーネベリの家。
緑の中を軽やかに散歩するナシ太郎

ルーネベリさんの銅像。ヘルシンキにある像より
位置が低く身近に感じました

やっと食べられたルーネベリタルト!
ジャムの甘酸っぱさが効いて美味でした

もっと知りたい！フィンランドの育児②

街で感じる男女平等、
パパとママの育児休暇事情

北欧へひとり旅をしていたとき、子どもをベビーカーに乗せ、街を歩くお父さんをたくさん見かけました。

とある公園を横切ったときには、パパとベビーカーに乗った子どもが3組、それぞれのベンチでまったりしているのを見かけて二度見してしまいました。

「パパさんたち、平日なのに会社は…？」という心配はいりません。フィンランドを例に挙げると、男性の育児休暇の期間は9週間。1980年代には確立し、約8割の男性が使っているのです。それでは、女性の社会復帰は?というと、産休明けの職場復帰は法律でちゃんと保障されているんです。

フィンランドでは世界で最も早く1906年に女性の参政権が認められていたり、男女平等の促進に取り組んでいたりと、世界経済フォーラムが発表する男女格差指数ランキングでは、いつも男女平等度で上位に位置しています。

フィンランド人のパパさんに聞いてみたところ、「イクメンなんて言葉は北欧にはない。子どもの成長は早いからたくさん見ていないともったいないよ」と言っていました。

仕事のことや、妻が働きやすくなればいいとか、そんな理由じゃなく、純粋に“子どもといたい”と言っていたのが印象的でした。

3章

ESTONIA TALLINN

エストニア・タリン

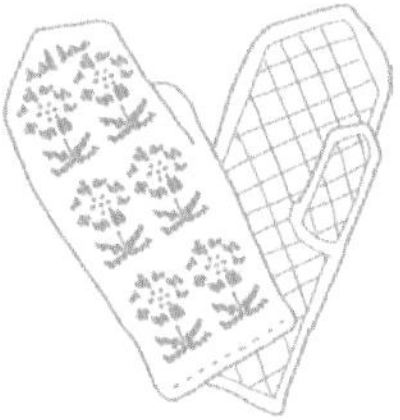

熟練の職人による
素朴なハンドクラフトが
かわいらしくて
Estonia
とても気になっていた国
エストニア
首都タリンへのアクセスは
ヘルシンキの港から船で
なんと2時間ほど
フィンランド
ヘルシンキ
タリン
エストニア
日帰りで行く人も多いとか
タリンへの運航船は幾つかありましたが
以前、新婚旅行でフィンランドから
スウェーデンへ船旅をした際に
利用した豪華客船がとても良くて
バルト海を肌で感じる大迫力
キャー
美味しくて食べまくったディナービュッフェ
海の幸♡
今回は2時間と
短い旅ですが
そのときと同じ会社
「タリンクシリヤ」の
船に決定
豪華客船メガスター
はじめての子連れ乗船なので
座席が確保できるよう
トラベルクラスは
コンフォートラウンジに
ソフトドリンクスナック類フリー
ゆったりした専用ラウンジ wifiなども
タリンに向けて船が動き出したわ
ん〜いい見晴らし
ああ至福♡
ぎゃー!!
あー!!
飽きてきたみたい
外へ海を見に行こう!
ゆー
バシッ

タリンクシリヤ▶https://www.tumlare.co.jp/guide/cruise/tallink-silja-line/

気持ちがよさそうなサンデッキ
皆さん楽しそう
ナシ太郎海だよ！
フィンランド湾
大海原のド迫力
あらためて自然の力強さ美しさを感じるね
キッズプレイルームがあるみたいよ。行ってみよう
キッズプレイルーム
カラフルな配色の空間にオシャレなおもちゃがいっぱい
今回乗船時に催されていたフェイスペイントコーナー！大人気で長蛇の列でした
他には見向きもせず乗り物のおもちゃで遊ぶナシ太郎

あっという間に
もうタリンの港だね
港から観光地の
旧市街まで
タクシーを使いました
タクシーの運賃も
フィンランドより
安いんです
(TAXI)
TAKSO
タクソ
あ！あれが
メインゲートの
ヴィル門じゃない？
シンプルで美しい！
いよいよ世界遺産に
足を踏み入れるんだと
思わせる景色だね
まるでRPGの
世界みたいだ
私、ここで
真っ先にしたい
ことがあるの！
シティトレイン
旧市街を20分かけてゆっくりまわってくれるミニトレイン。ラエコヤ広場から発着。支払いはトレイン付近にいるスタッフへ　大人7€、子ども5€
子連れだとあちこち歩き
まわれないからトレインで
名所巡りができて嬉しい！
この爽やかな色合いは
エストニア国旗のカラー
GO!!
おすすめ！
バイバイ
カフェテラス
ウェイターさんも
みんな揃って手を振り
返してくれて感動☆

さぁショッピング＆街探索スタート！
①【オマアシ】OmaAsi
エストニアの作家さんの作品のほか、個性的な雑貨やアクセサリーが並んでいます
お店の外装がかわいい♡
一点もののブローチ
MAP
旧市街
タリンクシリヤ運行船の発着所
ピリタスパホテル
MAPです
ふとっちょマルガレータ
聖オレフ教会
バルト駅市場
タリン駅
周りにレストランやカフェが立ち並び、広場にはマーケットが出店。冬にはクリスマスマーケットも開催
観光名所。城壁沿いに所狭しとセーターを並べたお店が軒を連ねています
NUKU人形劇場
パットクリ展望台
コフトウッツァ展望台
オマアシ
職人の中庭
ラタスカエヴ16
ラエコヤ広場
旧市庁舎
セーターの壁
オマアシ2号店
オルデハンザ
ヴィル門
トームペア城
ツーリストインフォメーション
Coca-Cola plaza
旧市街にコインロッカーがなかったので、映画館のクロークを利用。大きさ関係なく2€は安い。港にはコインロッカーがあります
②【職人の中庭】Masters' Courtyard
小道を抜けるとカフェや熟練の職人による陶芸、手芸、工芸ショップが立ち並んでいます。利用したかったカフェテラスは混んでいて断念…
「プーパンク」
木の温もりを感じる鍋敷きやスプーンなどの木工製品を扱う
「ショコラテリエ」
濃厚なホットチョコレートが人気
③【パットクリ展望台】Patkuli Viewing Platform
市内を一望できる展望台。道のりは大変でしたが、美しい街並みを見られました。近くにコフトウッツァ展望台もあります

❹【ラタスカエヴ クーステイスト】Rataskaevu16
おいしいエストニア料理がいただける人気のレストラン。予約の取りにくいお店と聞き日本からすぐ予約
すすめられたエストニアのクラフトビール「Õllenaut Sesoon」
SESOON
ÕLLENAUT
自然の甘みを活かしたかぼちゃのスープ。ナシ太郎は一瞬でペロリ
豚バラ肉はクリーミーなソースとマッチ
❺【オルデ ハンザ】Olde Hansa
中世を再現したレストラン。スタッフも当時の衣装を着ています。店内は暗そうだったのでテラス席へ。日本語メニューもありました
「大商人ヒュックのジビエのひき肉煮込み」おいしかったけれど香辛料が強めで苦手な人もいるかも?
「伯爵のキノコスープ」は濃厚!おかわり!
店内では雑貨や食器なども販売。トイレの内装も楽しめました
【ピリタ スパホテル】Pirita Marina Hotel & Spa
タリンでは中心地から離れ、広いビーチやヨットハーバーで有名なピリタ地区へ。大きなスパホテルに1泊しました
宿泊した翌朝は早起きして海を見に浜辺まで散歩。釣りをしているおじさんたちと会話したり、のんびり過ごしました
くもりでフィンランドの地が見えず
朝ごはん会場にはキッズスペースも複数あり。海の景色が目の前に広がって気持ちよかったです
観光で時間が押して、ホテル滞在時間が短く、結局プールもサウナも使わず…
❻【バルト駅市場】Balti Jaama Turg
旧市街のパットクリ展望台あたりから徒歩で5分ほど。最近リニューアルされたオシャレで大きな市場です。食品から雑貨、アンティークと、多彩に揃っています
タリンの台所。新鮮な食材が何でも揃いそう
TURG
Kalev
エストニアの有名チョコレートメーカー「Kalev」のお店も
Kalev
ESTONIA

石畳のデコボコが激しくてなかなかベビーカーが進まない…
ガタガタ
ガタガタ
あれ?道を間違ったかも…
MAPアプリ
ねえ、さっきの道右じゃない?
今どこだ?Wi-Fiの設定がおかしいのかな…
どうするの?
戻る?戻る?
なんでWi-Fi繋がらないの?繋がらないなら言ってよ!
ブチッ
え!
疲れたベビーカー押すの変わって場所はしらない
スタスタ…
…
ガタガタ
あ!ここ、すごく行きたかったお店
こんなところに!
アッリカマヤカシトゥー
Allikamaja kasitöö
ていねいに作られたエストニアのハンドクラフトがいっぱい

伝統的な柄で編まれたしおりにカラフルな小物入れもかわいい
これナシ太郎に似てる！
買ってくるよ
ナシ太郎似の国旗を持った木製の人形をお買い上げ
記念にお店の方と写真も撮ってもらいました
国旗カラーの洋服に民族衣装っぽい帽子もかわいい
1歳のナシ太郎と旅した家族旅行の記念だね
ずっと家に飾っておこう
ナシ太郎が大きくなっても

Photos from Estonia
エストニア旅のフォトアルバム

ヴィル門は旧市街へのメインゲート。
シンプルなとんがり屋根がかわいい

船の出港ターミナル。
出港までは船や海を眺めたりして過ごしました

名所をまわるシティトレインは思いのほか楽しく大満足

ナシ太郎も大海原の風を手で感じているようでした

すっきりしないお天気で残念でしたが、
街を一望して、その眺めを楽しみました

帰りの船はスター号。
キッズプレイルームはたくさん活用させてもらいました

Photos from Estonia
エストニア旅のフォトアルバム

バルト駅市場では、新鮮な野菜や魚に肉、
可愛らしいエストニアの民芸品まで揃っています

ラエコヤ広場で週末開かれる市場。
小雨でしたが、一部お店をのぞくことができました

「パンパース」のオムツは各国柄は違えど
日本と使用感は同様。フィンランドではムーミン柄も

中世の雰囲気漂う「オルデ ハンザ」でランチ。
外のテラスも満席でにぎわっていました

1泊だけのホテルでは朝食ビュッフェを付けて。
いろいろな料理にテンションも上がります

色あざやかで暖かそうなニット小物が
揃う「アッリカマヤカシトゥー」

4章

AFTER OUR TRAVEL

旅を終えて

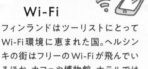

ただいま

帰国後のあれこれメモ

Wi-Fi

フィンランドはツーリストにとってWi-Fi環境に恵まれた国。ヘルシンキの街はフリーのWi-Fiが飛んでいるほか、カフェや博物館、ホテルではパスワードを入力すれば使うことができます。私はいつでもどこでも繋がる環境にしておきたくて、現地のコンビニでプリペイドカードを購入しました。（ほかにはWi-Fiのルーターをレンタルするなどいろんな方法があるみたいです）

地図アプリは
大活躍
常に位置が
把握できて
迷子の心配なし

湯沸かしポット

現地で買った粉末のカップスープや、ティーバッグ、ナシ太郎には湯冷ましなど、なにかと便利。ホテルにあるか確認を

ベビーカー

渡航前に、現地の石畳に耐えられそうな車輪のものを日本からレンタルしていくか悩みましたが、私たちは結局、手持ちの一般的なベビーカーを使用。最初はつまずいたりもしましたが、だんだん慣れました。タリンの歴史地区は舗装されていない道に苦戦！観光はメインどころにしぼりました

信号がいちばん焦る
ガタガタ

MILK

ごはん

レストランやカフェでも食べていましたが、日本から持参した市販のベビーフードや、フリーズドライのものも重宝しました。ホテルには冷蔵庫がなかったので、スティック状の粉ミルクが大活躍

牛乳好きのナシ太郎
いつでも飲みたい時にお湯を入れて

どこに泊まる?ホテルの選び方

楽しみでもあり悩ましさもあるホテル選び
ヘルシンキはホテルも多いしどこにしようかな
カチャ
カチャ
PC
ヘルシンキ中央駅すぐの「ソコス ホテル ヴァークナ」に「グロ ホテル クルービ」もオシャレで居心地良さそう
イヴァナ・ヘルシンキが部屋の内装を手がけた「オリジナル ソコス ホテル プレジデンティ」も素敵そう～♪
GLO
GLO
子連れだし高級、中級ホテルだときっと間違いはないよね
安心
フロント受付の時間も長そう
24h
FRONT
キッズルームがあるところも
でも、私のスケジュールだとホテルには帰って寝るだけになりそうだからシンプルなサービスのホテルで十分な気も…
ここで節約しておいたらお買い物に予算が回せるし
荷物も重くなりそうだしすぐホテルに戻りたくなるときもあるかも
子供の荷物+買い物
熱!?
駅から近くて移動が楽ちんになるように立地は最優先だわ!
これは譲れない!!
アクセス重視
お!
ん?ここ良い立地なわりにお手頃価格
オシャレだし室内設備もある

ということで決まったのが、
アパートをデザインホテルに
リノベーションした
「ホテルフィン」
ヘルシンキ中央駅
Mannerheimintie
マリメッコ
ストックマン
エスプラナーディ通り
Kalevankatu
トラムの駅
Pohoisesplanadi
Lönnrotinkatu
今回の行動範囲にぴったり
部屋は狭めで
お風呂もシャワーしかないけど
抜群の立地に大満足
スタッフも親切で
荷物も預かって
もらえたりと助かりました
OK!!
明日戻ってきます
ホテルを選ぶときのチェックポイント
立地、価格、部屋の広さ
ひろーい
ポットやドライヤーの
室内設備や
ベビーベッド有り無し
有料？
お風呂も
バスタブ必須の方はその確認も
ファミリー歓迎かも
含めて事前に
ネットなどで
口コミを見るのも◎
PC
ちなみに、ホテルか
アパートメントタイプかも
悩みました！
迷う〜！
アパートメント
ホテル
アパートメントタイプの魅力は
キッチンやリビングがついていること
旅先で子どもが食べなかった場合
キッチンがあれば日本食を作ることも
アパートメントタイプはものが多そう
なのでホテルタイプにしました
ナシ太郎がもう少し大きくなってから
利用したいです
扉好き
バンバン

Hotel Finn ▶ https://hotellifinn.fi　住所…Kalevankatu 3 B FI-00100 Helsinki
トラム最寄り駅…Ylioppilastalo 百貨店「ストックマン」近く

うちorそと？ごはんはどこで食べる？
ホテル滞在のお楽しみ朝食ビュッフェ
これもいいけどほかも知りたい
連泊が続くと気分を変えたいときも…
そんなときは朝から街へGO！
空いてるし静か〜♪
夜より朝の時間を有効に使いたい人に最適
気になっていたカフェや港のマーケットに行き、朝の景色を楽しみましょ〜
寝てる
さて、夜はどうしよう？
なんだかんだで予定を詰め込み夕食前には全員クタクタ
Zz…
19時頃から朝まで爆睡
夜ゴハンはちょっと離れたオシャレなレストランに行きたかったのに〜！
なんてこともあるので、ホテル近くのレストランで無理のない外食かスーパーで買い出し
お部屋ごはん
「フィンランドではどこのお店も子連れOK」と聞いてはいましたが旅行中、特に困ることなく過ごせました
子どもOK
屋台や市場などをのぞいてはベビーチェアがあり不自由なかったです
チェアベルトをお持ちの方は持参しても◎
ナシ太郎は卵アレルギーなのでレストランでは事前に伝えました
アレルギー
WEBサイトからの予約フォーマットにはアレルギーの項目があって親切
メニューにもアレルギーの表記があったり
メニューの右隅に
M.G
L
ヴィーガン料理も一般的だったりマイノリティの人にも優しい国なんだと思いました

アレルギー表記 ▶ M=乳製品不使用 L=ラクトース不使用 G=グルテン不使用など単語の最初の文字で表現。詳しくは現地でお尋ねください ※ヴィーガン…完全菜食主義のこと

そのほかのおすすめ子どもスポット フィンランド

in ヘルシンキ

トラム博物館
Tram Museum

トラムは町になくてはならない交通手段として活躍する路面電車。トラム博物館では、昔の車両に乗ったり、映像を見たりして、その歴史を学べます。乗り物好きの子どもにおすすめ!ショップも必見です

http://trammuseum.fi/

ヌークシオ国立公園
Nuuksio National Park

ヘルシンキから公共交通機関で1時間半ほどのところにある野生の森林広がる国立公園。森と湖、フィンランドらしい景色を眺めながら散歩を楽しんではいかが?時期が合えばベリーやキノコを見つけることも。(※キノコの採取は必ず見極めのできる人と)

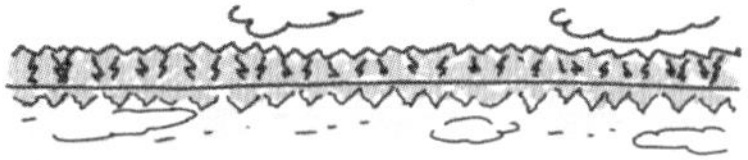

小さな子どもがいる方は自力で行くのが難しいかもしれません。ヘルシンキ発のツアーもあるのでネットで検索、もしくはヘルシンキの観光案内所で聞いてみてください。夏前から秋までおすすめです

https://www.luontoon.fi/nuuksio

サンタクロース村
Santa Claus Village

子どもにとっては夢の場所。フィンランドの北極圏ロヴァニエミにサンタクロース村はあります。ここでは一年中サンタクロースに会うことができるんですよ。

冬だとオーロラ観測やトナカイが引くソリに乗るチャンスも!ヘルシンキから国内線の飛行機で1時間半ほど。列車なら10~12時間半。寝台列車「サンタクロースエクスプレス」で行くのも人気です

https://santaclausvillage.info/fi/

コルケアサーリ・ヘルシンキ動物園
Korkeasaari Zoo

北欧ならではの動物をウォッチ!ヘルシンキの東側に浮かぶコルケアサーリ島は島全体が動物園になっています。広い檻でのびのび過ごす動物たちを見ることができます。

in ヘルシンキ

ヘルシンキのマーケット広場からフェリーで行く(乗船は20分)ほか、「ヘルシンキ中央駅」横から直行バスも出ています。年中無休でいつでも遊びに行くことができて嬉しい

https://www.korkeasaari.fi/

in ヘルシンキ

モコマーケット&カフェ

Moko Market & Cafe

食材やコーヒーにこだわったおしゃれカフェ。店内は広く、家具や雑貨がずらりと並んでいます。朝食メニューやランチセット、美味しそうなスイーツもたくさん。子どもウエルカムでかわいいキッズスペースがあります♪ https://moko.fi/

ラヴィントラ かもめ

Ravintola KAMOME

in ヘルシンキ

映画「かもめ食堂」のロケ地となった食堂。撮影後もそのまま食堂として営業、数年前にリニューアルされました。隣には「アトリエカモメ」というカフェも。お料理もシナモンロールも美味しかったです

http://www.kamome.fi/ja/

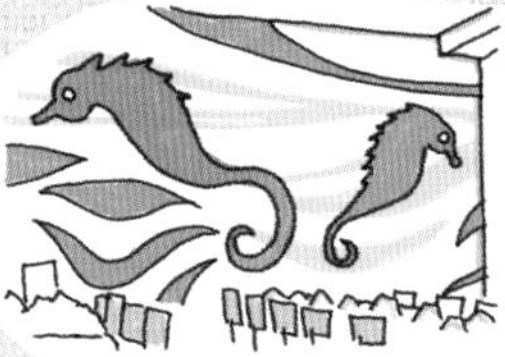

1934年創業。名の知れた老舗レストラン。映画のロケ地になったことも。森のきのこスープは絶品。お料理はどれも美味しいです(量は多めなのでシェアを)。できれば予約した方がいいです

シーホース

Ravintola Sea Horse

in ヘルシンキ

http://www.seahorse.fi/

タリン

子ども博物館 ミーアミッラ

Children's Museum Miiamilla

3歳から11歳の子どもたちのために作られたミュージアムで、館内にはカラフルなプレイルームやキッズカフェがあります。博物館の前には無料で遊べる公園、有料のミニ遊園地があるので、子どもは大よろこび。カドリオルグ公園の敷地内にあるので、カドリオルグ宮殿やKUMU美術館と合わせて巡るのも◎

https://linnamuuseum.ee/miiamilla/

ヌク人形博物館

NUKU Theatre, Museum and Centre for Puppet Arts

旧市街にある人気の人形劇場に付属する博物館。エストニアに限らず世界中の操り人形が展示されています。施設内には子ども向けのワークショップや衣装を着られるコーナーも

http://www.nuku.ee/et/muuseum

経験者に聞いてみよう！フィンランド子連れ旅

秋山悦子さん

フィンランド大使館勤務

長男6か月のとき、育休の期間を利用して、5歳の長女と母と一緒に旅しました

ヘルシンキに到着したときに、娘の第一声が「ヘルシンキの街ってきれいだね」だったことを、いまでもうれしく思い出します【宿泊】電子レンジや洗濯機が使えるアパートメントホテルに【観光】島全体が動物園の「コルケアサーリ」はおすすめ。百貨店「ストックマン」の授乳室と有料託児所も利用しました。英語が分からない娘もスタッフの明るい対応で問題なく過ごせました【持ち物】息子は授乳中・離乳食前だったので、ミルクをつくるためのお湯を持ち歩く水筒は必携。フィンランドのおむつ替えスペースは、日本に比べて硬かったので中綿の入ったシートを持参するとよいかも【食べ物】「ハカニエミマーケットホール」のスープ屋さんのサーモンスープ。娘がひとりでぺろりと平らげてしまったほど気に入っていました

武田真理さん

フィンランドのヴィンテージ食器と絵本のお店 KORVAPUUSTI 店主

娘が1歳7か月のときと2歳11か月のとき、2回とも母と一緒に3人で旅しました

ヘルシンキ、タンペレ、ポルヴォー、フィスカルス、ハメーンリンナなどの街をめぐりました【移動】フィンランド国鉄（VR）の特急列車内にはプレイルームがあって、滑り台や絵本で楽しい時間を過ごせます。フィンランドの暮らしを身近に感じることができるレンタカーもおすすめ。車内がプライベート空間になるのでリラックスして旅ができました【観光】川と木々が美しいフィスカルス村、タンペレのムーミン美術館は思い出深い場所です【食べ物】ヘルシンキにはおいしいパンがたくさんあって、パン好きな娘は大満足。パン屋さん「エロマンガ」、「カンニストン・レイポモ」がお気に入り【持ち物】日本では座りたがらないベビーカーも、新しい土地に緊張気味だった娘にとって安心できるスペースになったようです

茂田里加さん

フリーランスコーディネーター

2012年長女が3歳のころから毎年家族で訪れています。2016年から次女も加わって、にぎやかな旅に！

「私がお世話になったホストファミリーに家族を会わせたい」と思ったことが、旅のきっかけ【宿泊】駅前の「ソコス・ホテル・ヴァークナ」は朝食会場にキッズスペースがあるなど、キッズ・フレンドリーな施設。キックバイクをレンタルして、娘はあちこちへ出かけました【持ち物】フリーズドライのみそ汁やパウチの白米。いざというときの体温計、解熱剤、冷却ジェルシート。シャワーヘッドが固定されたホテルでは、キッチンボウルがあると子ども用の洗面器になります【観光】街中にたくさんの公園があり、からだを使う遊具が多く子どもたちも楽しそう。フィンランドのゲームキャラクターをモチーフにした「アングリーバード公園」もおすすめ。ヘルシンキの室内遊具施設「ホップロップ」では1日中たっぷり楽しめます

帰国後のお楽しみ①

フォトブック

旅行前はカメラチェック。カメラ売り場に行って今のカメラでいいか質問して検討したり、カメラアクセサリーを新調しました

首かけストラップ購入
両手は空いているほうがいい

ナシ太郎フォトブック！
お～!!

Finland Estonia 2018

利用したのは、しまうまプリント「フォトブック」のプレミアムハードカバーA5サイズ。ネットでレイアウトができ、簡単注文♪
しまうまプリント▼https://www.n-pri.jp

旅行後は撮り溜めた写真をさっそくデジタルプリント。ナシ太郎をメインにしたフォトブックが完成しました。旅行前からやりたかったことなので、できあがりを見たときは感動しました

カメラについて難しいことは分からない素人ですが
写真を撮るときに、私が心がけていることを紹介します

- ★子どもの目線に高さを合わせる
- ★ブレないように、わきをしめる
- ★くるくる変わる子どもの表情は連写してみる
- ★写真ばかりになっている方はぜひ動画も。子どもの声やロケーションの空気感など、そのときの様子をすべて感じとることができます
- ★レストランやショップなどで交流をもった現地の方と一緒に写真を撮ってもらうと◎
あとで見返すとそのときの思い出がよみがえります

北欧の夏の空は澄み渡っていて、とても蒼くキレイです。写真映えしますよ♪

ものごころついた頃に見せるのが楽しみだな～

帰国後のお楽しみ②

マリメッコ生地でハンドメイド

マリメッコのアウトレットショップに行ったときに、ナシ太郎が気に入ったテキスタイル「イソ ティーコニ ISO TIIKONI 」(エピソードは p38 に)。この布を使って、ナシ太郎の服と小物を作りました

長袖ブラウス

かぶりのブラウス。最初はベストにしようとしましたが柄がうまくトリミングできずブラウスに

おけいこバッグ

キルティングの裏地を合わせてしっかりと肉厚なバッグに

マリメッコの生地で、はじめて服や小物をつくりました(カーテンなどはありました)子ども服は初挑戦だったのですが、予想外にいちばん苦労したのが柄のトリミング。子ども服の小さな範囲内に上手く柄をあてはめるのが大変難しく、最良のトリミングを考えるだけで、時間をたくさん使いました。次につくるなら細かい柄にしたいです…。子ども服のハンドメイド本の型紙を利用しました。制作日数は1日

着てもらいました♪

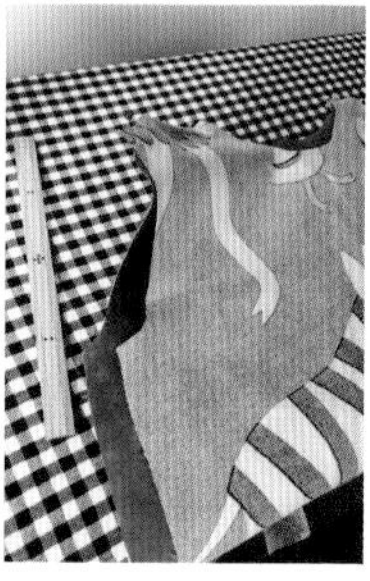

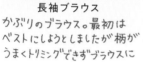

帰国後のお楽しみ③

フィンランドのお料理レシピ

LOHIKEITTO

サーモンクリームスープ

フィンランドの家庭やカフェ、さまざまなところで親しまれているスープを、帰国後に自宅でもつくってみました。フィンランドの定番スープです

約4人分

- 生鮭---3切れ (約200g)
- じゃがいも---大3~4個
- たまねぎ---1個
- バター ---大さじ1
- ブイヨンまたはコンソメ（できれば魚系）---200ml
- 牛乳---100ml（常温）
- 生クリーム---150ml（常温）
- 黒胡椒---適宜
- 塩---適宜
- ディル（フレッシュ）---2束
- スパイス---オールスパイス、ローリエ、チャイブなどお好みで

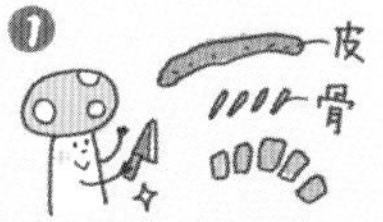

① 鮭の皮を取り、小骨を抜きながら一口大に切る

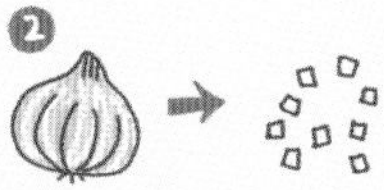

② たまねぎはみじん切り

③ じゃがいもは皮をむき大きめのさいの目切りに

④ バターでたまねぎをしんなりするまで炒め、じゃがいもを加えさっと炒める

⑤ 鍋に④とブイヨン(コンソメ)、スパイス、ディルの茎を入れ蓋をして沸騰するまで煮込む

⑥ 沸騰したらアクを取り除き、牛乳と生クリームを入れ弱火にかける

⑦ クリームがフツフツ泡立ってきたらディル(半量)をちぎって入れ弱火で煮込む

⑧ じゃがいもがやわらかくなったら鮭を入れ、中火にかけ更に5分ほど煮る

⑨ 塩、こしょうで味を整えディルの茎は取り除き、器に盛ったらディルの葉をちらしてできあがり

⑥の時に小麦粉を入れるとベシャメルソースのようなとろみが出て、入れなければサラリとしたスープになります。鮭の臭み消しに白ワインを入れてもOK。その場合は充分にアルコールを飛ばしてください

レシピ協力：tavatabito https://tavatabito.net/

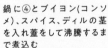

おわりに

最後までお読みいただき、ありがとうございました。
楽しく読んでいただけたでしょうか？

やはり子連れでの海外旅行は大きなイベント。
実は、旅の計画を進めるうちに
不安になってきたこともありました。

そんなときに、20歳のお子さんを持つ
キャビンアテンダントさんとお会いする機会がありました。
悩んでいることを打ち明けた私に
「子どもはすぐに大きくなります。
だんだんと日程が合わなくなったり
友だちと行きたいと断られたり。
一緒に旅行できる時期って
実は限られているんですよ」と話してくださいました。

そして最後には、笑顔で
「行きたいと思ったときにぜひ行ってください！」と。

背中を押してくださった嬉しさを感じると同時に
そのお話から、これから子どもが成長していく喜びと
いつか自分の元を離れるときがやってくる寂しさが
いっぺんにこみ上げてきて、あたたかい涙があふれてきました。

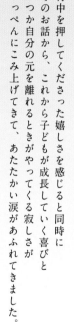

今、家族みんなで旅行できることって
実はかけがえなく、
ありがたいことだったんだ…と。

ナシ太郎は現地で、よく食べ、よく遊び、よく寝て、
心配していた喘息も出ることなく、
日本にいるときより元気なくらいのびのびしていました。
帰国後も時差知らず。我が子のまだ知らぬ部分に驚きました。

2009年から旅を重ねてきたフィンランドは
雑貨や建築などのデザインの魅力だけではなく
何が大切なのかを、私に教えてくれるような気がします。
暮らしや未来のあり方について、いつもシンプルで
「こういう考え方もあるんだよ」と私に新しいヒントをくれます。

知れば知るほど惹かれるフィンランド。
この本が、少しでもフィンランドのことについて
知るきっかけになり、
子連れ旅のお役に立てば幸いです。

最後にジュウ・ドゥ・ポゥムの徳吉さん、田島さん、
そして主人と息子、刊行に伴い支えてくれた方々に感謝致します。

ナシエ

Nashie ナシエ

北欧好きイラストレーター。北欧に魅せられ旅を重ねる。著書に、地球の歩き方コミックエッセイ本として北欧4か国の旅を描いた「北欧が好き！フィンランド・スウェーデン・デンマーク・ノルウェーのすてきな町めぐり」、「北欧が好き！② 建築&デザインでめぐるフィンランド・スウェーデン・デンマーク・ノルウェー」(ダイヤモンド社)や、北欧雑貨や絵本などをテーマに描いた「かわいい北欧」(イースト・プレス)がある。北欧関連のイベントや展覧会でイラストを手掛けたり、トークやワークショップ、自身のイラスト展を行うなど、北欧の魅力を広めるため、幅広く活動中。

http://www.nashie.com

édition PAUMES ジュウ・ドゥ・ポゥム

フランスをはじめ、海外のアーティストたちの日本での活動をプロデュースするエージェント。そして世界中のアーティストたちの活動やライフスタイルを紹介する多くの書籍を手がけている。また、アーティストの作品をセレクトしたギャラリーショップ「ギャラリー・ドゥー・ディマンシュ」を表参道にて運営。

www.paumes.com / www.2dimanche.com

Design : édition PAUMES
Art direction : Hisashi Tokuyoshi
Editer : Coco Tashima
Sales manager : Tomoko Osada

Impression : shinano Co., Ltd.
Distribution : Shufunotomosha

子《こ》どもと旅《たび》する北欧《ほくおう》フィンランド

2020 年 2 月 29 日　第 1 刷発行

著者：ナシエ

発行人：徳吉 久、下地 文恵
発行所：有限会社ジュウ・ドゥ・ポゥム
〒150-0001 東京都渋谷区神宮前 3-5-6
編集部 TEL / 03-5413-5541
www.paumes.com

発売元：株式会社 主婦の友社
〒112-8675 東京都文京区関口1-44-10
販売部 TEL / 03-5280-7551

印刷製本：株式会社シナノ

ISBN 978-4-07-341698-2